Mario PRAZ

マリオ・プラーツ――著

ローマ百景II

建築と美術と文学と

伊藤博明＋上村清雄＋白崎容子――訳

PANOPTICON ROMANO SECONDO

ありな書房

ローマ百景Ⅱ——建築と美術と文学と

目次

PANOPTICON ROMANO SECONDO
by
Mario PRAZ

Japanese translation published by arrangement with
Edizioni di Storia e Letteratura, Roma
through The English Agency (Japan) Ltd. Tokyo

Translated by Yoko SHIRASAKI, Kiyoo UEMURA, Hiroaki ITO
Published © 2006 in Japan by ARINA Shobo Inc. Tokyo

ローマ百景Ⅱ——建築と美術と文学と

亡き街路のためのパヴァーヌ

一九一七年、私はジュリア（ユリウス）通りをひそかに発見した。一九三四年からそこに住みはじめたが、一九六九年には去ることを余儀なくされた。半世紀にわたって、私はこの通りの日々の営みを観察する証人だったことになる。したがって、これから証言することは真実であると、誓いを立てることができる。臨終の床に立ち会う医者のように、ジュリア通りという名の患者の死にいたる重い病の進行状況を記したカルテを提示することもできる。

一九一七年のジュリア通りには、どこかの地方都市の閑静な住宅街、と言ってもおかしくない趣があった。両側に立ち並ぶ建物が、まるでひとつの邸宅の中にたたずむ部屋のような空間をつくりだしていて、ジュリア通りは、さながらその邸宅の中庭を突き抜けて、それらの部屋をつなぐ廊下、といった風情であった。それほどの静けさがあったのである。ボローニャ、フェッラーラ、カターニャ、そしてミラノにさえも存在していた魅惑的な街路にそっくりだ――当時ならそう言うことができた。外国にもこのような通りはあった。ベルンのユンカー小路、プラハの高級住宅街ストラナ地区のネルダ通りなど。フランスにも、ゲルマン系の国々にも、この道の「姉妹通り」の候補となりうる道は枚挙にいとまがなかったはずだ。そうした中にあって、ジュリア通りは、おそらくどれにも増して高貴な街路であった。なぜなら、輝かしい名前のぎっしりつまった、長い歴史を有しているのだから。

一九三四年になってもまだ閑静ではあったが、しかし、一九一七年ほどではもはやなかったと思う。まず、ゾラが、『ルルド』、『パリ』と並ぶ「三都市叢書」の一巻である『ローマ』の中に、この通りを登場させている。この小説の中で語られる陰惨なドラマの舞台はパラッツォ・ボッカネーラである。海豚にまたがるプットーを象ったこぶりの噴水がある、というからには、この建物のモデルは、パラッツォ・サッケッティであろう。ゾラの時代にくらべれば、私の知るジュリア通りは、おそらく、もはやはなはだしく趣を異にしていたはずだ。パラッツェスキも、タイトルを同じく『ローマ』とする小説の中で、貴族の没落の物語を、ジュリア通りと並行するモンセッラート通りで展開させている。それほど、ドラマの舞台にまたとなくふさわしい界隈なのである。ヘンリー・ジェイムズは『ある婦人の肖像』で、不幸なオズモンド夫妻の陰鬱な住居を、通りから少し奥に入ったパラッツォ・リッチに設定している。ブールジェが、『コスモポリス』(一八九三)の舞台としたのはパラッツォ・カスターニャであった。「黒い岩塊」としか呼びようがなく、「ジュリア通りの端にあって、堂々としたパラッツォ・サッケッティと対をなすかのように向かいあう」という描写が暗示するのは、パラッツォ・ボナレッリである。ゾラは、ジュリア通りについて、次のように記している。「いかにも由緒ある区域であった。静寂と荒廃の中に身を沈め、見捨てられていながら、どこか聖職者のような優しさと分別が染みこんでいた。古びた家が鎧戸を閉めて立ち並び、鉄柵のそこここには花をつけた植物がからまっていた。しがない商人たちがまどろむ薄暗い店先には猫どもがうずくまっていた」。「パラッツォ・ボッカネーラの、じとっとして広い中庭に座るのは、ひとつの影。今は亡き絢爛と、かぎりない哀しみが醸しだす静寂であった」。

しかし、第二次世界大戦後、とりわけ一九五三年以降、年を追うごとに病状は悪化し、ついにこの街路の魅力はあとかたもなくなった。原因は自動車の洪水である。ルンゴテヴェレという名のつく通りの一方通行が定められたのにともない、ジュリア通りの交通量がいちだんと多くなった。リペッタ通りや、テヴェレ川対岸にあって並行するルンガーラ［古くはロンガーラ］通りも同じ運命にあったが、交通量の増え方はジュリア通りに比べればはるかに少ない［図1］。車がわがもの顔にまかり通るのを許す道となったジュリア通りは、さらに追い打ちをかけられるかのように、二列駐車地区とまでなり果てた。この通りを、歩いて通り抜けることすらままならない。いわんや、建物のファサードを眺めるなど、およそ、無いものねだりである。歩道がないので（仮にあったところで車に侵略されるだろうが）、自らの命を守ることにのみ注意を集中せざるをえない。歩行者に残されているのは、危険きわまりない道路中央の車道部分だけなのだ。

一九四一年二月六日の「ポポロ・ディ・ローマ」紙に、ロベルト・パピーニの「ある街路の生と死」と題する記事が載った。一八八九年ローマ生まれのジャーナリスト、チェッカリウス［本名ジュゼッペ・チェッカレッリ］の著書『ユリウスの道』（非売品）の書評であり、次のように締めくくられている。「犯され、傷つけられ、もはやその全容を察するべくもないほどにずたずたに引き裂かれて、瀕死の状態にある、このあわれなジュリア通りがたどった運命が段階を追って記録されているのは意義あることだ」。そして、一九二〇年代というファシズム時代のいまわしい事例として、ウェルギリウス高校(リチェーオ・ヴィルジリオ)の建造を挙げている。たしかに、このようなありがたい名称を持ちながら、ここまで名前負けしている建物も珍しい。また、サン・ジョヴァンニ・デイ・フィオレンティーニ聖堂周辺の、いわゆる修復にも、それとなく触れている。

立ち並ぶ町工場や駐車場、安っぽい商店をとりはらって、ここを骨董通りにしようという街起こし運動を、故ゴッフレード・リッザーニ氏が推進した。その成果としては、アーチ形だった街灯が、過ぎ去った時代の好みにふさわしいものに替えられたことが挙げられる。しかしながら、さして多くはない骨董品店のウィンドーすら、溢れるインダストリアル・デザインに勝利の座を譲り、ゴキブリさながらに通りを占拠する車に遮られている。列をなして駐車する車の姿は、わずかな隙間に入りこむあのいまわしい虫そのものだ。ジュリア通りの風情は、あとかたもなく破壊された。かつてこの界隈に横溢していたのは、なによりも魅惑であったのに、いまではこの界隈全体が、北の方に聳え立つ、巨大なカヴァリエーリ＝ヒルトン・ホテルに圧倒されている。

アンニーバル・カーロがローマでもっとも美しい通りと判定したこの通りであるが、都市計画と建築の面からすると、申し分ない成功をおさめたとはおよそ言いがたい。ちなみに、この通りに捧げられた最新の書物、ルイージ・サレルノ、ルイージ・スペッツァフェッロ、マンフレード・タフーリ著『ジュリア通り──一六世紀都市のユートピア』(Luigi Salerno, Luigi Spezzaferro, Manfredo Tafuri, *Via Giulia, una utopia urbanistica del 500*, Roma, Aristide Staderini,1973)が結論としているのは、失敗の確認である。逸話を中心にした、チェッカリウスの良心的なガイドブックとはまったく趣を異にする学術的書物であるが、そこには「実現しなかった大計画の残骸たるジュリア通り」と記されている。

デッラ＝ローヴェレ家出身のローマ教皇ユリウス二世［在位一五〇三―一三］は、町の中心に塔を備えた威厳ある裁判所を建造して都市全体を中央集権的に統治しようと考えた。こうした構想をもとにこの通りは誕生したのであり、ユリウスの名にちなんで「ジュリア通り」と名づけられた［図2］。裁判所の建設予定地は、その当時尚書院宮(カンチェッレリーア)があった、現在のパラッツォ・スフォルツァ＝チェザリーニが見える広場を設けるそのあたりとされていた。こうして形成される統治の中心部と、サン・ロレンツォ＝イン・ダマーゾ聖堂の法王庁会計院(カメラアポストリカ)(現在の尚書院宮)、さらにフィオレンティーニ広場界隈に建てられる予定の造幣局(ヅェッカ)をつなぐ役割を、ジュリア通りが果たすことになっていた。

教皇ユリウス二世の意図は次の点にあった。まず、強力な結社の特権に打撃を与えること。ジュリア通りに存在して彼の標的となったのは、ゴンファローネ信徒会であった。一四世紀から一五世紀にかけてローマに形成された、きわめて強力な町人貴族の「金貸し業(モンテ)」団体のひとつをまずは潰滅させ、通りの中心界隈を占拠して、搾取をほしいままにするブランカ・インコロナーティ一族を排除することが先決だった。それまで住んでいた職人層が高額の家賃を払うことができないので、かわりに前科者や売春婦たちが住みつくようになったのである。さらには、造幣局を建設して監視の目を光らせることにより、トスカーナの驚異的な財力に打撃を与えることをもくろんだ。フィレンツェの人々の祈禱所であるオラトリオ・デイ・フィオレンティーニをとりこわし、その跡地に造幣局は建てられる予定であった。彼が想い描いたのは、テヴェレ川対岸のルンガーラ通りとバンキ・ヴェッキ通りまでをも含む都市計画であった。整然とした街区の中にあって、特別な機能を備えたジュリア通りが枢軸的な役割を果たすようにと意図していたのである。ルンガーラ通りは学識と洗練のただよう閑暇（オティウム）の道である。銀行家アゴスティーノ・キージが、ヴィッラ・ファルネジーナをここに建てようと決めたのは、その証拠であろう［図3・4］。一方、バンキ・ヴェッキ通りは商取引（ネゴティア）の、すなわち、労働と金融の、活気に満ちた通りであった。

裁判所の設計にはブラマンテがあたった。裁判所には新たな広場が設けられる予定であった。これは明らかに、古来ローマの掟を司っていたカンピドリオの丘にとって代わるものであり、「ローマ人民」の尊厳を、近距離から直撃するはずであった。しかし、おりから外交の思わしくなかった一五一一年八月、教皇は病に倒れる。これが貴族たちやローマ人民が反旗を翻す引金となった。教皇は、思いがけず恢復はしたものの妥協を余儀なくされ、「ローマの平和（パックス・ロマーナ）」をもって決着をつけるにいたった。教皇はこれを逆手にとって、まるで自らの勝利であるかのように宣伝したが、さすがに思いどおりにはならなかった。これを機に、従来のカンピドリオとカピトリーノの法廷（クリア）に、きわめて広範な権威が新たに付与された。このため、裁判所はもとより、裁判所と尚書院宮の間に設けられる予定であった広場の建造計画までその主たる動機を失って、計画は無に帰したのである。

こういうわけで、ユリウスの道は、意味ある存在となるために必要であった要素をすべて欠いた街路のままとどまる結果となり、新たな意味づけを待たなければならなくなった。そこへ、ユリウス二世の後継者としてレオ一〇世が即位すると、事態は、正反対の方向へと転回する。レオ一〇世は、フィレンツェの人々がこの通りに住みつくことを助長したのである。一五一九年には、フィレンツェの人々のために、巨大なサン・ジョヴァンニ・デイ・フィオレンティーニ聖堂の建設が始まった。

ジュリア通りに運命づけられていたはずの大役は雲散霧消した。野望に燃えた心のうちを語るかのように、通りの中ほどには、裁判所の礎となるはずであった切石が、干しスモモさながらに、積まれたまま残骸と化している。この道を、川向こうの新開地（ボルゴ）に直結するためのトリオンファーレ橋の建造計画も消えた。そしてこの通りは、予想も

図1———ジュリア通り（右）とルンガーラ［ロンガーラ］通り（左）

ジョヴァンニ・B・ノッリ
図2———《ローマ新図》一七四八年
テヴェレ川に並行してユリウス二世の構想によるジュリア通りが開通している。

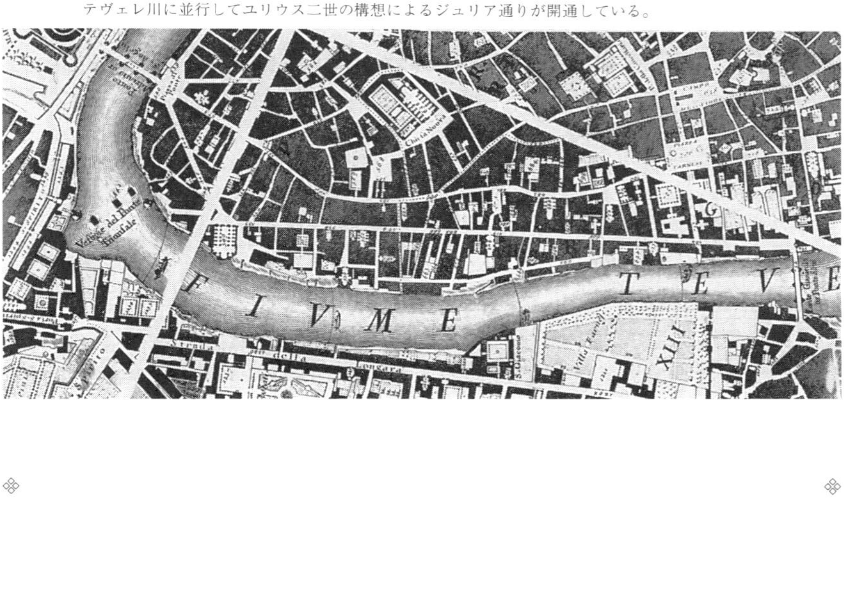

図5――カスパール・ファン・ウィッテル
《サン・ジョヴァンニ・デイ・フィオレンティーニ聖堂近くのテヴェレ川》
ローマ　サッケッティ・コレクション

図6――サン・ジョヴァンニ・デイ・フィオレンティーニ聖堂

図3——庭園の側から見た〈ヴィッラ・ファルネジーナ〉一五〇五—一一年建造

図4——〈ヴィッラ・ファルネジーナ〉《プシュケのロッジャ》天井画はラファエッロによる

図7――サルヴィアーティ
《ダヴィデのもとへ赴くバテシバ》一五五二―五四年
ローマ　パラッツォ・サッケッティ

図8――アンニーバレ・カラッチ
《バッカスとアリアドネの勝利》一五九七―一六〇〇年
ローマ　パラッツォ・ファルネーゼ

しなかった方向へと歩むことになった。この道が、悪い星のもとに生まれたとは言いたくない。それにしても、あるときは経済上の理由で、またあるときは関係者のおそまつな鑑識眼のゆえに、どれほどのすばらしい建築計画が、構想はされながら反故になったことか。その筆頭が、ミケランジェロの設計図がはねつけられた、サン・ジョヴァンニ・デイ・フィオレンティーニ聖堂である。ミケランジェロのプランでは、ファサードの一部が軸線を下げることによって窪みをつくりだし、通りと聖堂の建物が、現在の居心地悪い広場よりもはるかに安心できる空間が生まれるはずであった。けっきょく、サンガッロとジャーコモ・デッラ・ポルタの二人の、消極的なプロ意識が協力しあうことになったが、ペルッツィとミケランジェロの斬新なプランを凌駕するには及ばなかった［図5］。それでもこの聖堂は、一〇年後にベルニーニに聖女テレサと熾天使（セラフィム）のあの群像の構成を思いいたらせる、光源を隠した神秘的な照明に映しだされたローマ最初の主祭壇を誇っている。しかしながら、ファサードが完成するのはようやく一八世紀になってからのことであった。アレッサンドロ・ガリレイの「新一六世紀」様式によるファサードは、整然としてはいるが、独創性に欠けるのは否めない［図6］。

通りの、反対側のつきあたりには、サン・ジョヴァンニ・デイ・フィオレンティーニ聖堂と対称をなすように、もうひとつ、巨大な聖堂が聳え立つはずであった。シスト橋の畔のサン・サルヴァトーレ・イン・オンダ聖堂を改築しようというトマッシーニの計画は、一六六〇年から七〇年にかけてのものであるが、しかし実行に移されることはなかった。パラッツォ・サッケッティの近くに、ラファエッロが家を建てる予定もあり、壮大なオーダーを備えたファサードが、ルネサンス時代の芸術家が築きあげるにいたった威厳を誇示するはずであった。しかし、ラファエッロが世を去って、この計画も水泡に帰す。サンタ・マリーア・デル＝スッフラージョ聖堂には、画期的な楕円形のプランが計画されていたのに反故にされ、平面的で個性のない建造物ができあがった。サント・スピリト・デイ・ナポレターニ聖堂に関しては、マスケリーノの前衛的な設計よりも無難な設計が好まれた。しかも、一九世紀に入ると、バロック様式のファサードまでが退屈で表情に乏しい月並みなファサードに変えられてしまった。

そうはおっしゃるが、パラッツォ・サッケッティにはマニエリスム時代の最高傑作とも言えるフレスコ画の連作があるではないか［図7］。パラッツォ・ファルネーゼには、カラッチ兄弟のあの大広間だってある［図8］。これは嗜好の分岐点を示すものであり、後世の大芸術家たちが手本としたではないか。このような反論も聞かれよう。しかし、パラッツォ・ファルネーゼはその威容の全体をジュリア通りに見せているわけではない。パラッツォ・リッチでは、ファサードにポリドーロ・ダ・カラヴァッジョの名高い単彩明暗画（キアロスクーロ）が、いまもたしかに痕跡を残している。しかし、これにしても、ジュリア通りに面しているわけではない。パラッツォ・サッケッティのフレスコ画も、ゴンファローネ信徒会の祈禱所（オラトリオ）のフレスコ画も、パラッツォ・ファルコニエーリの広間を飾るボッロミーニの装飾も、すべて建物の内側に秘められている。ジュリア通りで存在を主張しているものは何かと言えば、刑務所の建物である。一九世紀の増築にともなって、この通りの格はたしかに下落した。パラッツォ・ファルネーゼの周辺には、教皇パウルス三世［在位一五三四―四九］治下に優美な一角として発展した時代の建物が、いまも当時の名残りをとどめてはいるが、そうした建物の中庭や庭園からテヴェレ川を臨む景観も、川沿いに立ち並んだ建造物に遮られてしまっている。パオロ＝フランチェスコ・ファルコニエーリ［ファルコニエーリ家は一三世紀フィレンツェに端を発する名家で、一五八九年からローマに移住］が、「庭をこよなく愛し、チューリップやアネモネなど、外国産のきわめて珍しい貴重な花を、趣味で」栽培していた、という庭園のさまを、想い描いていただきたい。

ジュリア通りに立ち並ぶ邸館のファサードを飾っていたみごとな装飾は姿を消し、それにかわってマッツィーニ橋がペロージ広場の背景をなすことになった。この不運な広場の脇にはウェルギリウス高校の厚かましい横顔が見える。そのうえ、たえまない車の流れに損なわれて、王女の風格を具えていたこの高貴な街路の表情も今では青ざめている。この王女のちっぽけな遺骸は、せめて、サンタ・マリーア・デッロラツィオーネ・エ・モルテ［祈禱と死者の聖母マリア］聖堂の地下墓地にでも葬って、パヴァーヌの荘重なリズムにのせて、花輪で飾ってやるのがよいのかもしれない。

（一九七三［白崎容子訳］）

パラッツォ・プリーモリ

私がいま住んでいる建物の、階段を昇りつめた私の部屋の扉のすぐ脇の踊り場に、モンテーニュの胸像がある。ブロンズ像のように見えるのは色のせいで、実は石膏である。ここに移るまえ、私が住んでいたのは、ジュリア通りにあるリッチ＝パラッチャーニ侯爵一族の屋敷、パラッツォ・リッチ［図1］であった。ここでは、私の寝室に隣接する広間に、『ガラテーオ』の執筆に精を出すジョヴァンニ・デッラ＝カーサの肖像画があった。デッラ＝カーサには、私はなんの親近感も覚えない。マリーア・ベッロンチやリッカルド・バッケッリを別にすれば、今日のイタリア作家で彼に親しみを覚える者はほとんどいないのではないか。一方、モンテーニュは、私が——おこがましさを顧みずに言えば——良かれ悪しかれ属していると思われる系統樹の始祖たる人物である。彼がそこにいてくれると思うだけで、パラッツォ・リッチのような貴族の屋敷ではないけれども、今の住まいが高貴なものと私には感じられるのだ。このパラッツォ［図2・3］を建てたのは、輝かしい一六世紀の建築家ではない。だが、歴史に残る特性を具えた建物でないことなどは、このさいどうでもよい。これを建てたのは、イタリア統一時代の才人ラファエッロ・オイエッティ、作家ウーゴ・オイエッティの父親にあたる人物である。パオロ・ポルトゲージは『ローマの折衷主義』（Paolo Portoghesi, *L'eclettismo a Roma, 1870-1922*, Roma, De Luca, 1968）で、名前こそあげていないが、この建築家の再評価を試みている。一六世紀的なゴッティフレーディの屋敷を壮大なファサードで飾るようにと依頼したのは、ジェジェ（ジュゼッペ）・プリーモリであった。ゴッティフレーディ時代の屋敷の名残は、いまも中庭とソルダーティ通り沿いに見てとれる。

プリーモリは、自らが住んでいた階の広間などを金言やカルトゥーシュ装飾で飾った。中庭のいちばん目立つ所にも、「LOTTA」（闘い）の大きな文字が浮き彫りにされている。ダンヌンツィオを思わせる標語のようであるが、実は、ひたすら、ボナパルト家のシャルロットのために書かれた文字なのだ。ローマにナポレオン博物館を遺したプリーモリは、ヴィテルボ近郊カニーノの公爵で、ルチャーノの曾孫にあたる。人手不足のために、博物館はやむなくここ何年も閉鎖されている［現在は公開されている］。ほかにも彼が遺したものは多い。アカデーミア・デイ・リンチェイから指名を受けて私が会長を務めている財団、豊かな蔵書のある一般公開の図書館、そしてとりわけ、失われたローマのさまざまな表情をとらえた写真。もはや伝説と化したベル・エポックの時代にこの家を訪れた人々、ダンヌンツィオ、エレオノーラ・ドゥーゼ、マティルデ・セラーオ、モーパッサン、ブールジェ、ルイ・デュシェーヌらの写真は、貴重な資料である（Silvio Negro, *Nuovo album romano, fotografie d'un secolo*, Neri Pozza ed.,1964）。アンピール様式を好む私には、この家の方が、ジュリア通りの古い屋敷よりも合っている。ボナパルト家と係わりがあるのもさることながら、批評家の君主たるモンテーニュの香が漂っているから、ということもある。

モンテーニュは、一五八〇年の暮にローマにやってきた。そのとき滞在したのが、ここからすぐ近くにあるオルソ旅館である。この界隈は、スペイン広場に先駆けて、今日ならさしずめローマの「観光名所」と呼ばれそうな地域であったが、その中にあって、当時の最新流行の旅館であった。ローマっ子なら知っていようが、「熊」を意味するオルソという名前は、ソルダーティ通り側の角に嵌めこまれていた一片の大理石に、おそらく由来している（一九七六年に盗難にあった［現在は通りに面した入口中央の柱に熊の図柄のある鉄板がはめこんである］。モンテーニュの胸像もあったが、こちらは七七年に盗まれている）。大理石に描かれていたのは、実は熊ではなく、前足で子山羊を押さえこむライオンであったのだが。ともあれ、モンテーニュの『イタリア旅行記』には、次のように記されている。「われわれ

図1——パラッツォ・リッチ

図4——パラッツォ・アルテンプス

図2——パラッツォ・プリーモリ
図3——マリオ・プラーツの書斎（現在のプラーツ博物館）

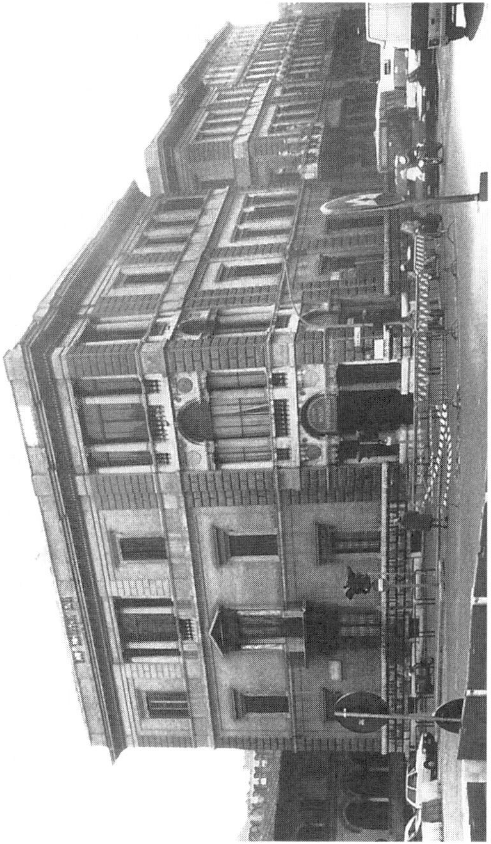

はオルソ旅館に泊まった。翌日もそこに滞在し、一二月一日には、サンタ・ルチーア・デッラ・ティンタ聖堂の向かいにあるスペイン人の家に間借りした」（Montaigne, *Viaggio in Italia*, traduzione di Alberto Cento, prefazione di Guido Piovene, Bari, Laterza, 1972）。サンタ・ルチーア・デッラ・ティンタ聖堂とは、モンテ・ブリアンツォ通りがカンチェッロ通りと交差する角、すなわちオルソ旅館から目と鼻の先にある小さな聖堂である。モンテーニュが間借り住まいしたという この家は現存しないが、おそらくモンテ・ブリアンツォ通りの二五番地であったろうと、アレッサンドロ・ダンコーナは推測している。現在、ボルゲーゼ家の小さな屋敷があるあたりだ。サンタ・ルチーア・デッラ・ティンタ聖堂側の、小ぶりな家々に混ざって、一九〇六年のある時期に文学界の大物が住んだ家が残っている（五一番地）。その文学者とは、ジェイムズ・ジョイス。当時は貧しくて、妻子を養うために、家主からわずかな金も借りなければならないほどだった（わずかなリラとはいえ、今日の値打ちのないリラとはわけが違っていただろう）。そののち、ジョイスは眼を患った。モンテーニュは結石に苦しんだ。そのために一日じゅう床につくことになった日もあったようだ。その症状は、旅行記に細々と記されている。「砂を大量に排出、続いて固くて長くて滑らかな大きな石がひとつ出た。五、六時間も尿道にひっかかっていたのだ」。当時の治療がおぼつかないものであったことは、次の記述からうかがえる。「チロル産だという話だが、オブラートに包まれたヴェネツィアの樟脳の大きな塊を二つ、銀のスプーンにのせ、その上に味のよいシロップを一、二滴たらして飲んだ。どのような効能があったかと言えば、ただ尿の中に、菫の香があっただけだった」。このほかにも、大きな松の実ほどの石や大量の砂が出た。そう言えば、著名な説教師たちの伝記を読みながら、彼らの病気にばかり目をとめたのは、ジョージ・エリオットが描きだしたリネット夫人（『ジャネットの改悛』第三章）である。なにもここで、私も彼女の真似をしようというのではない。ただ、モンテーニュがこれだけ苦しんだかと思うと、はるかに軽いものではあるが、関節の病を患う私は慰められるのだ。

というわけで、現在私が住むあたりには、文学の香が、ジュリア通りの家よりも濃厚に漂っている。プリーモリ財団の先代会長の中に、博学にして立派な文学者ピエトロ・パオロ・トロンペーオがいるのもうれしい。先達の中にはディエーゴ・アンジェリもいるが、彼がこうしてシェイクスピア演劇のお粗末な翻訳以外のことで後世の記憶にとどまることになったのは幸運だった。パラッツォ・リッチと言えば、連想されるのは、ヘンリー・ジェイムズが『ある婦人の肖像』でオズモンドとその妻の不幸なカップルを住まわせた家、というイメージである（M. Praz, *Cronache letterarie anglosassoni*, IV, Roma, Edizioni di Storia e Letteratura, 1966, p.323）。現在私が住むこの住居では、廊下の窓がソルダーティ通りの全容をとらえてくれる。優美な線を描くこの小路のつきあたりに見えるのは、アーモンド状の壁龕に収まった聖母マリア像を先端に戴くフランジパーネ家の塔、いわゆる「猿の塔（シンミア）」である。ナサニエル・ホーソーンは『大理石の牧神』で、絵画の模写を仕事とするニューイングランド出身でプロテスタント信者の娘ヒルダ（愛称「鳩のヒルダ」）を、この塔に住まわせている。この窓からの景観はすばらしい。まるで、一八世紀の風景画家が、カメラ越しに見た景観のようだ。懐かしい風情のパラッツォ・アルテンプス［図4］を背景にして、ひっそりとたたずむ石畳の道。ここはローマだった、と想い起こさせるのは、ゴミの山と、ひっきりなしに行き交う車である。だが、人影は少ない。おぼつかない足どりの老婆、柱廊を秘密のデートの場所にするだらしない長髪のカップル。ゴルドーニの芝居でもかかれば劇場へ足を運ぶ人の数も増えるのだが。赤いゼラニウムに縁どられたテラスの左手には、古い塔がひとつ見える。もっとも、この塔には、小屋に見せかけたとんでもない増築がなされてしまった。パラッツォ・アルテンプスにかつて寄宿していた僧侶たち用のいまわしい厠であるが、幸いなことに、これは右手にずれているので視界には入ってこない。この、古きローマの一隅。ナポレオンゆかりの家の屋根全体を覆うテラスからの眺めは、これだけにとどまらない。

さらに上へと昇れば、テラスの高みから、ローマの、数あるすばらしい眺めのひとつを得ることができる。この手の景観は山ほどあるし、それについては、前に述べたこともある（“La terrazza”, in *Lettrice notturna*, Roma, Casini, 1952, ristampato in Astra Zarina, Balthazar Korab, *I tetti di Roma*, Roma, Bestetti, 1975）。パラッツォ・プリーモリから得られる視界は、広い。北東に目をやれば、蛇行するテヴェレ川、リペッタ通りの家並み、コルソ通りにつながるポポロ広場の双子の聖堂——サンタ・マリーア・デイ・ミラーコリ聖堂とサンタ・マリーア・イン・モンテサント聖堂——のずんぐりした円屋根、バブイーノ通りにあるギリシア十字型のサンタナシウス聖堂の小さな双子の鐘楼、コルソ通りのサン・カルロ聖堂の円屋根、そしてその背後には、ヴィッラ・ボルゲーゼとピンチョの丘、ヴァラディエールの別邸（カジーノ）やヴィッラ・メディチ、トリニタ・デイ・モンティ聖堂、クイリナーレの丘、パラッツォ・モンテチトーリオの時計の文字盤、サンタントーニオ・デイ・ポルトゲージ聖堂（モンテーニュの時代には、ポルトガル人の男性同士の婚礼が行なわれたという）の円屋根。南には、サン・カルロ・アイ・カティナーリ聖堂、サンタンドレーア・デッラ・ヴァッレ聖堂、サンタニェーゼ聖堂のそれぞれの円屋根、サンティーヴォ聖堂の螺旋状の尖塔、パラッツォ・アルテンプスの、一角獣の紋章のある回廊（ロッジャ）が見渡せて壮観である。西の眺めは、サン・ピエトロ大聖堂とカステル・サンタンジェロに縁取られている。至近距離で迫るのは、サクロ・クオーレ・デル・スッフラージョ聖堂。あるアメリカ人が「ゴシック聖堂の至宝」と呼び、ガイドブックに載っていないことを嘆いた、あのネオ・ゴシック建築だ。聖具室には、煉獄の亡者たちが焦がしたという布が保存してあり、聖堂のとなりには煉獄博物館（ムゼーオ・プルガトリオ）がある。さらには傷痍軍人の聖母の家（カーサ・マードレ・デイ・ムティラーティ）、そして、「見るがよい、わしがどれだけたくさんの石でできているかを」と声高に誇っているかのようなパラッツォ・デイ・ジュスティツィアが見える。私の住まいからの景観で、唯一ぱっとしないのが、この西側の眺めだ。パリのオペラ座通りを思いださせて、どうもよくない。

この家からの眺めの中で、類のないほどすばらしいのは、なんといっても、ソルダーティ通りとスクローファ通りに挟まれた屋根の連なりである。色あせた褐色の古い瓦屋根のそこここに、屋上テラスが見える。ごくまれにテラスに人影が見えることがあり、それが妙に新鮮だ。花に水をやっているのはたいてい老婆であり、家の補修にかかずらっているのは老人である。目にした若者といえば、昨年の七月、「猿の塔」の隣のテラスに腰を降ろすか寝そべるかして、毎日、日暮れどきまで話しこんでいた二人の若い娘、それだけだ。美人なのだろうな、と遠くから想像するのは楽しかった。ルンゴテヴェレ通りの方に目をやると、車の波が、信号で止められては、ふたたびウンベルト橋の上へと押し寄せる。その前方には、枯葉色と、枯れた薔薇の花弁色の屋根が広がるその上を、完璧な平和が覆いつくす。人気のない（神に感謝）平和。黄昏時の鐘の音が、まだ何か伝えるものを持っている、そんな都会離れした安らぎが、ここにはある。地上の地獄の上空を漂う魔法の絨毯さながらに。

（一九七四［白崎容子訳］）

注記――［モンテーニュについては、『旅日記』、関根秀雄・斎藤広信訳、白水社、一九九二年を、ホーソーンについては、『大理石の牧神』、島田太郎・三宅卓雄・池田孝一訳、国書刊行会、一九八四年を参照した］。

ローマの景観

「都市の景観図」として分類される絵画の歴史が、幼く稚拙な表現ではあっても、都市をありのままに再現することから始まったというのは当然で自明のことのように思えるかもしれない。しかし、中世においては都市の景観図といっても、どことは特定できないものであった。ひとつの景観図が、マインツのものであるとも、フェッラーラのものであるともみなされえた。エジプトのヒエログリフ（聖刻文字）と同じように、ひとつの都市がどの都市にも共通する特徴を示していたためである。幾世紀を経て、ようやくわれわれが今日当然と思う景観図が生まれた。いやむしろ、かつては当然と思われていたと言うべきかもしれない。今日では抽象絵画の影響がこの分野にも及んでおり、真実をそのままに再現するよりもむしろ省略したり概略化する方が好まれているからだ。ジュリアーノ・ブリガンティは、多くの事柄に言及したその著書の序文の中で、真景主義（ヴェドゥティズモ）の歴史をたどり、ある時点から真景主義がイタリアを訪れた一六世紀のフランドルやオランダの画家たちのおかげで廃墟趣味の高まりと軌を一にしたこと、そして多くの廃墟で知られるローマが真景主義と遺跡愛好の趣味をつなげる役割を果たしたことを明らかにしている（Giuliano Briganti, *Gaspar van Wittel e l'origine della veduta settecentesca*, Ugo Bozzi Editore, Roma, 1966）。廃墟への愛好には文学的な側面があることを見落としてはならないし、ブリガンティはマンヴァーリングの書物を適切に引用することでその点を考慮している。もっとも、最近刊行されたレンツォ・ネグロの『一八・一九世紀のイタリアの廃墟への趣好と詩情』(Renzo Negro, *Gusto e poesia delle rovine in Italia tra il Sette e l'Ottocento*, Milano, Ceschina, 1965)を引用してもよかったようにも思われる。ブリガンティはジェイムズ・ホー・エルの『ホー・エル書簡集』(James Howell, *Epistole Ho-Elianae*, 1645［題名はホー・エルと綴られるのが正しいのであり、ブリガンティがマンヴァーリングから引き写した『ホーエル』〔*Hoelianae*〕は誤り］)から、ローマに関する次の一節をみごとに引用している。「実際のところ、私はこれらの場所において自らが高められたと感じたことを告白しなければならない。というのは、廃墟の光景は私を屈服感で満たし、そして、生命あるものも無きものも物体はすべて崩壊と変容をこうむり、月の下に存在するものはすべて同様であるという、月下界のすべての事物のはかなさについて、一層敏感にさせたからである」。これこそ、ペトラルカ以来、廃墟への瞑想が趣味化して、絵画的な愛好へと転じる一八世紀にいたるまで、廃墟を扱った文学のすべてに連綿と伝わるキリスト教的なエレジー(哀歌)の「トポス」である。廃墟を描いた画家たちの中で、この哀調を伝える作品はまれであるが、唯一プッサンの《われ、かつてアルカディアにありき》が例外である［図1］。ヘラルト・テル・ボルフ(父)がローマで一六〇四年から一〇年にかけて描いた素描では、ブリガンティが「あたかもカナレットのような」と定義したほど厳密で客観的な表現が注目されている。ファン・ラールとバンボッチャンティ派の画家たちは、日常生活の現実の、逸話的でピクチャレスクな側面を描きだした［図2］。一六三〇年代に、代表的な廃墟を集大成して「理想化された」景観図の伝統から離れ、特定の現実の場所を小さな画面に正確に表現する記録的な景観図という新しいジャンルへの道が、ヨハンネス・ヴィルヘルム・バウアーによって整えられた。一方、同じ時代に「静物画」では、カラヴァッジョがはじめて堂々たる独自の表現を誇ったのに対し、都市建築の景観図が独立した表現の道を見いだすにはいま少し時間が必要であった。スコルツァやコダッツィの事実に基づいた景観図は独自のジャンルを形成するには十分ではなかった。たしかにコダッツィは、遠近法によって表現した都市建築の景観図から、古典主義的で、哀調を帯びた、懐古的な態度をすっかり払拭し、まさに彼こそが現実的な景観図をつくりだしたのではあるが。彼の作品では地平線はいつも低く描かれ、観る者の視点も描かれた場所と同じ高さに置かれて

図1——ニコラ・プッサン
《われ、かつてアルカディアにありき》一六四〇年以前
パリ　ルーヴル美術館

図2——ピーテル・ファン・ラール
《菓子売り》一七世紀前半
ローマ　国立美術館

図3——ヴィヴィアーノ・コダッツィ
《建造物の景観》一六二七年
フィレンツェ　ウフィツィ美術館

いる。つまり、景観図の大地の広がりは現実の大地のそれと対応しているのである［図3］。

一六八〇年代のローマの芸術的環境と、ファン・ウィッテルの初期の景観図を比較するならば、それが、現実との、新鮮で独創的な関係を示すかのような印象を与えるが、しかし、ファン・ウィッテルがイタリアへ赴く直前にオランダで制作した景観図を思い起こすと、その印象も希薄になる。ファン・ウィッテルが独自の景観図の特質を見いだしえたのは、ヨブ・ベルクヘイデとヘリット・ベルクヘイデ、およびファン・デル・ヘイデンの功績である。彼らは、この都市の生活を彩る特定の瞬間を主題に選んで、正確に、客観的に、そして分析的に都市を描いた。都市は生活する場としてその内面からとらえられ、モニュメントや名高い建築物を主人公としている都市の表現とはまったく異なるものだったのである。

ブリガンティはファン・ウィッテルのローマ滞在時代をたどっている。ファン・ウィッテルは、人力で動く奇妙な自動車などを発明した技師コルネリオ・マイアーのために素描を描いた。ローマ滞在の初期には地図を制作し、芸術上の円熟期に到達する一六八〇年から八五年にいたるころには、ローマの景観のあらゆる下図を素描として完成させた。そののちは建築物にいくらかの変更を加えるのみで遠近法的構図の中に同じ景観をくりかえし描いている。教皇クレメンス一〇世とインノケンティウス一一世の時代になると、建造物そのものも大きく変えられることはなかった。ファン・ウィッテルは、同時代のローマの景観に魅了され、月並みな主題や伝統的な視点から景観をとらえることを嫌った。たしかに有名な場所や高名なモニュメントに関心を向けることも皆無ではなかったが、遺跡に対してロマンティックな感情を抱くこととはおよそ無縁であり（写実的、感覚的、実証的で厳格であり、反ロココ的ではあるが、新古典主義的でもない一八世紀を確定するのに寄与した）、一八世紀ローマの並ぶもののない肖像をわれわれに残している［図4・5・6］。数多の景観図をもって、ブリガンティは私たちにそれを示してくれる。ブリガンティの文体は強く心に迫り、それゆえ彼の著書のファン・ウィッテルに関する箇所は美術史上の研究書というより、むしろ感傷的な案内書と思える。

*

かつてフィレンツェやローマの外国人社会の中に、幾人かのアングロサクソン系の奇才が際立った時代があり、彼らはイタリア社会の中にあっても一流の人物であった。国際色豊かな外国人社会の中で、イタリア人の名は貴族的にして価値ある響きを放っていたのだが、それと対照的にイタリア社会そのものは外国人にとってくすんだ単なる背景にすぎなかった。外国の奇才については、時に辛辣な言葉や逸話が跡を絶たなかった。ランドールの奇行、フィレンツェのトルナブオーニ通りで女性小説家ウィーダを鞭打ったロス夫人、ベレンソンとヴァーノン・リーの間の誤解。そしてローマでの、ブリティッシュ・スクールの校長トマス・アシュビー［一八七四―一九三一］と副校長ストロング夫人の反目など。ストロング夫人はなるほど名前のとおり強靭（ストロング）な性格であったが（Mario Praz, "La Signora Strong" in *Panopticon romano*, Milano-Napoli, Ricciardi, 1967）、その名は嫁ぎ先の苗字であった（先立った夫の方はこの苗字に名前負けしていて、病弱で、研究者としての野心を全うできなかった）。彼女は、なによりもローマ帝国時代の彫刻の肖像にそれが具体化されると考え、総統ムッソリーニが復活させようとしたローマ的なるものを崇めていた。ストロング夫人は、ムッソリーニが失脚し、そして悲惨な最期を遂げるまで彼に忠実であり、そのために同郷人や反ファシズムのイタリア人たちから強く疎まれた。アシュビーは喧嘩好きという点を除いてはストロング夫人とまったく対照的な人物であった。フランス人と英国人の血が混ざり、旧姓をセラーズという男勝りの女性ユージェニー・ストロングと並べてみると、「小心な男性」というタイプにたいそう近いように思われるのである。

アシュビーの臆病な性格は彼の素描コレクションにも反映している。このコレクションは一九三三年にヴァティカン宮殿の教皇庁図書館の所蔵となり、ディディエ・ボダールの編集になる豪華な出版物『ヴァティカン図書館所蔵のトマス・アシュビー・コレクションの素描』（Didier Bodart, *Dessins de la Collection Thomas Ashby à la Bibliothèque Vaticane*, 1975）が刊行されたことで広く知られるようになった。ベルギー人の美術評論家ボダールにこのカタログの出版が

カスパール・ファン・ウィッテル
図4———《カピトリーノの丘から眺めたカンポ・ヴァッチーノ》
ローマ　コロンナ・コレクション

カスパール・ファン・ウィッテル
図5———《モンテ・カヴァッロの広場と宮殿》
ローマ　国立美術館

図6——カスパール・ファン・ヴィッテル
《カステッロの草地から眺めたサン・ピエトロ大聖堂》
ローマ　パトリッツィ・ディ・モントーロ・コレクション

まかされたのは、コレクションの素描の多くがベルギーとオランダの芸術家によるもので、彼がその専門家であったためである（Mario Praz, “Fiamminghi a Roma” nel *Giardino dei Sensi*, Milano, Mondadori, 1975, p.288 ss［邦訳『官能の庭』、ありな書房、四〇五頁以下］）。序文でボダールは、「ひとつのコレクションには辛抱強く作品を集めコレクションをつくっていった人物の個性が記録されている」と述べている。さらに「コレクターの性格をよく教えてくれるのは、絵画や工芸品ではなく、むしろ素描や版画のコレクションではないだろうか」と言う。たしかに素描のコレクションが考古学者アシュビーの個性を相当な部分まで語っていることは疑いない。今世紀初めに集成されたこのコレクションは幾千の素描と五千から六千に及ぶ版画作品を誇るものの、内容はいささか貧弱である。その最大の理由がコレクターの乏しい財力に因ることは明らかである。いつも出物を求め、「掘出物」が見つからないかと期待して、大きな美術商ではなく、「ノミの市」や古物商に足繁く通い、自分には本物と思えるがたいていは思いこみにすぎない戦利品に酔いしれる、そんな熱に浮かされた収集家を誰しも目にしたことがあるだろう。たとえばビザンティン学者の故シルヴィオ・ジュゼッペ・メルカーティは、クールベであったか、あるいはマティスであったか、あるいはその両方であったか（どちらか憶えていないが、それはどうでもよい）、ともあれ価値ある作品をあのコロナーリ通りで見つけたと信じこんでいた。アンピール様式にとり憑かれたポール・マルモッタンは、どれほど多くの新古典主義の傑作を、手の届く価格で出回っていた時期に見逃したことだろう。財力がなかったわけではないのに、勇気の欠如と、フランス人に共通する悪癖である倹約精神が災いしたのである。マルモッタンは小さな美術商の店先で「掘出物」を見つけることを好み、当時安値で売られていた「美しいブロンズ像」（beaux bronzes）や風俗画の小品を愛好した。巨匠の絵画が末端の美術商にまで及ぶのは当然ながらまれである。アシュビーもこのようであった、というわけでは必ずしもないにせよ、財力に限りがあった彼は巨匠の素描を購入することができなかったため、ローマの遺跡の景観を描いた素描の収集を選んだのである。

彼のコレクションの中に、人物を描いた素描として傑出した作品は二点しかない。一点は絵画作品《聖母のエリザベツ訪問》のために制作されたバロッチの素描であり、いま一点はグエルチーノがパラッツォ・ルドヴィージに描いた《アウロラ》のための下絵素描である。コレクションの大半は、一七世紀や一八世紀のベルギーやオランダの芸術家が描いた、ローマを初めとするイタリアの景観を表わす作品である。そしてボダールは著書の中で、多くの作品の作者の帰属を改めている。

カルロ・ラブルッツィによるアッピア街道の景観素描を収めた五冊のアルバムという重要な購入は今世紀初頭になされた。これを手始めに、この分野の作品は一九一〇年から一九二三年にとりわけ精力的に集められた。これらの素描作品の多くは、芸術的な価値は低いとはいえ、ローマの古代遺跡や、芸術家がおよそ関心を寄せないモンセリーチェ、アレッツォ、スポレート、オルヴィエート、ネーピ、ネットゥーノなど、イタリアのさまざまな場所のありさまを記録している（ボルセーナの湖の景観について、カタログの七一ページには誤って「ビゾンティーナ島」と書かれているが、正しくはビゼンティーナである）。

ローマの素描に対する関心は一様ではないが、パラティーノ、フォーロ、コロッセオなど、名高いがゆえにそのイメージが実用的な価値をもつ遺跡がしばしば主題となった。たとえば、エリザベス・サイモン・パーシが一八〇二年から一八〇七年に制作した四〇枚にのぼる景観図は絵心があるアマチュア画家の手になる快い作品という以上のものではないのだが、作者のローマとナポリ間の往復旅行の証言である。しかし、この四〇枚の作品全部を合わせても、アントニオ・セナーペが同じ時期にナポリのサン・マルティーノ修道院から描いた一枚のナポリの広大な景観図には及ばないであろう。この作品にしても芸術上の価値は乏しいのだが、きわめて正確に描かれているのである。長さ一メートル半に及ぶ作品ではあるが、これを目の前に広げてナポリの町をサン・マルティーノ修道院の北東のバルコニーから委細に眺めるなら、この一世紀半の間にナポリの全体の景観がとりわけ中央郵便局の高層ビルによっていかに損なわれたかを確認することができるだろう。保存状態は良好とは言えなくとも、パリの人エティエンヌ・デュペラック［一五二五？―一六〇四］がローマの尚書院宮（カンチェッレリーア）の屋根からとらえた一五六七年のローマの景観は、芸術的価値にも優れている。一九二〇年一二月に開催されたサザビーの競売で落札されたこの素描は、一六世紀後半のローマの中心市街の地勢を知るうえでとりわけ重要である。この素描は、かつてのローマの地勢を仔細に調べていたトマス・アシュビーをさぞかし喜ばせたに違いない。左端にはパラッツォ・ファルネジーナ・デイ・バウッラーリの頂（やがては一九世紀末のヴィットリオ大通りの開通にともなう工事であわれな姿をとどめることとなるが）と、サン・パンタレーオ聖堂の、両開きの窓をもった四層の鐘楼（のちに壊される）、パンテオン、そしてもう少し中央寄りにサンティッシモ・サクラメントの祈禱所の鐘楼、そしてサンタ・マリーア・ソプラ・ミネルヴァの修道院を認めることができる。右手にはパラッツォ・ヴェネツィア、ミリツィエの塔、アルジェンティーナの塔、カンピドリオの丘の上に聳えるパウルス三世の塔（現存せず）、サンタ・マリーア・ダラチェーリ聖堂のファサードと元老院宮殿が見える。遠景には、いささかわかりづらいが、《ネロ帝の破風》（クイリナーレ宮の場所にかつてあった神殿の破風）とサンタ・マリーア・マッジョーレ聖堂の鐘楼が認められる。ローマの図像学にとって重要な別の景観図は、パリの人ミシェル・コルネイユ（子、一六四二―一七〇八）が描いたパラッツォ・サッケッティの背面のそれである。この作品からは、パラッツォの上面の第二層はいまだ存在していないこと、そして右手に、一九世紀末に、テヴェレ河沿いにルンゴテヴェレ通りを通すために壊された、サン・ビアージョ・デッラ・パニョッタ聖堂の鐘楼が聳えていたことがわかる。アングルも同じ光景を素描に表わしており、その素描はパラッツォの上面が加えられ、左翼部分にはかにも変更が加えられたことを示している。ローマから失われたもうひとつの場所はカタログの第一四図に表わされている。カタログではどの場所か明らかにされていないが（《カンパーニャ・ロマーナのテラスの上に聳えるヴィッラ》と記載されている）、やはりパリの人であるジャン＝ヴィクトール・ベルタン（一八八五―一九四二）の手になるこの作品に描かれているのは、ヴィッラ・バルベリーニ、次いでヴィッラ・スピトエヴァーと呼ばれたヴィッラであり、それは、サン・バジリオ通りの、現在農業省の建物がある場所にかつて建っていた。

このほか、ジュゼッペ・ヴァラディエールの二つの構想案もおさめられている。それは、ピンチョの丘からポポロ広場にいたる景観をめぐるもので、建築家ジソールとベルタウトの一八一三年の計画案のあとに提案されたが、最終的には別の実施案が採用された。さらに、ピネッリの自画像、そして無名の画家が、トロイア戦争の勝者と敗者の姿を無数に描いた二枚の素描作品。これらの二点をボダールは、それぞれベンジャミン・ウェストとフランソワ＝アンドレ・ヴァンサンの作品と考えたようだが、ジョゼフ＝マリー・ヴィヤン父の、同じような光景を表わした素描作品により近いのではないだろうか。このコレクションにあってこれらは、新古典主義の趣向を伝える数少ない作品である。すでに述べたように、アシュビーが芸術的な表現よりもむしろ地理的な記録へと関心を向けて作品を選択していたことを考えれば、これらの作品は例外中の例外と言えるであろう。

（一九六六―七五［伊藤博明＋上村清雄訳］）

ローマの城壁

シリアに「騎士たちの崩壊（クラック・デ・シュヴァリエ）」と呼ばれる要塞がある。中世の要塞としては保存もよく、もっとも美しいもののひとつである。十字軍戦士が戦闘のための頑強な砦として建造したものだが、従軍看護の修道会員たちが、サラセン人から略奪や強奪を行なう基地としての機能を果たしたらしい。一一一〇年から一二七一年までの間に、包囲されたのはたったの二回だったが、二度目の包囲で陥落した。

ローマの城壁は、時代とともに強固な防御のシステムを開発しては、そのたびに蛮族の進攻に遭ってきた。四一〇年以降、数えきれないほどの包囲にさらされ、また、それにともなうだけの略奪も受けてきた。西ゴートのアラリクス、ヴァンダル族のゲイセリクス、ゲルマン族のリキメル、ヴァンダル族など。六世紀になって、ユスティニアヌス皇帝の時代にベリサリウス将軍が出現し、彼の尽力で、城壁も、その一部は、ウィティギス率いる東ゴート族の攻略にも耐えることができた。時代はずっと下って一九世紀、ナポレオン三世麾下のフランス軍の攻撃をもしばらくの間しのぐことができたのは、ガリバルディの功績である。しかし、一五二七年の「ローマ劫掠」は、そのまま陥落を意味した。ピア門［図1］の突破は、戦闘というよりは、むしろシンボリックなひとつの事件であった。ローマの壁は、防御を目的とするすばらしい建造物であったが、防御の歴史に教訓を残すほどのものではなかったようである。結果としてそこに残ったのは、無防備都市ローマであった。シェイクスピアの『トロイラスとクレシダ』第五幕第八場を思いだす。「見た目はかくも美しいが中身は腐りきっている。その、みごとな鎧のおかげでおまえは命をおとしたのだ」と言いながらヘクトルが殺した、豪奢な鎧姿のギリシア人の男のことが念頭に浮かぶのである。

三世紀後半にアウレリアヌス帝が築いた城壁は、ローマ市の周辺を、ほぼ全域にわたって囲った。古代建築のすぐれた技術を雄弁に語るもののひとつである[図2]。これに匹敵するのは、五世紀にテオドシウス帝が建設したコンスタンティノープルの城壁をおいてほかにない。しかし、アウレリアヌス帝時代のローマの人々は、もはや、帝国を築きあげたころのローマ人ではなかった。彼らが迫られたのは、むしろ帝国を防衛することであり、その任にあたる兵士たちも、ローマ人ではなく、かつてはローマに攻略をしかけたこともある周辺の部族というのが、もはやふつうになっていた。歴代ローマ教皇が礎を築き完成させていく教会国家の要塞を守ることになる兵士たちもまた、ローマ人ではなく、傭兵であった。国家の軍隊が編成されるようになるそののちまで、傭兵が教皇領を守るという伝統は時代を超えて存続した。今日のスイス人衛兵は、その最後の、細々としたわずかな生き残りなのだ。勇者の一隊が駐屯しているのでなければ、強固な城壁といえども防壁としていかなる役目も果たさない。オペラ『アイーダ』第三幕で、ラダメスが、敵が聞いているとも知らず、「ナパタの谷には明日まで兵が配置されていない」と、抜け道をついもらしてしまうが、あの台詞のとおりである。

「キリスト教は良俗を乱してきた」。くりかえされるこのコメントは、たしかに皮相的なようだ。しかし、教皇庁が特権を行使したこと、とりわけ芸術家を保護する政策（メチェナティズモ）に出たことが、ある意味で人々の無気力に拍車をかけたのはたしかであろう。その結果、総裁シャルル・デ・ブロスが過激な発言をすることになり、それから一世紀ののち、ジョアッキーノ・ベッリがこれを追認する。「四分の一が僧侶、四分の一が彫像、四分の一がほとんど仕事をしない、残る四分の一がまるっきりなにもしない、そういう人たちで構成される人民というのがどんなふうか、想像してみるがよい」。

図1――ミケランジェロ《ピア門》一五六一―六五年 ローマ

図2――アウレリアヌス帝の築いた城壁

図3――ハドリアヌス帝廟（現カステル・サンタンジェロ）

図4――マールテン・ファン・ヘームスケルク
《一六世紀のサン・ピエトロ大聖堂とヴァティカン宮殿》
ウィーン　アルベルティーナ図書館

ローマの城壁は、恐怖心の産物であった。無防備な老人の住居に備えつけられた、精巧な差し錠と警報装置に似ている。もっとも、イタリアの政治的空白が、みじめな真実の姿をさらしたまさにあの時代、一四九四年から一五〇一年に及ぶ戦乱の中で頭角を表わした大勢の勇猛な傭兵隊長たち、ヴィルジリオ・オルシーニ、バルトロメオ・ディ・アルヴィアーノ、ピティリアーノらは、まさしく教会領地の内から輩出したのではあったけれど。「妄想ばっかり、……脳ミソはすっからかん」。いや、ローマに、ほんとうに知性が欠落していたわけではない。ただ、マキアヴェッリ的頭脳の中でも、あまり感心しない部分だけを持ちあわせていた、ということだ。この種の考察も、すでに何回となくなされてきた。いまやルチャーナ・カッサネッリ、ガブリエッラ・デルフィーニ、ダニエーラ・フォンティが行なった、幾世紀にもわたるローマ城壁史研究に目を移すべき時を迎えているのはたしかなことである。ローマの都市史における軍事建築を研究してきた、この三人の女性(か弱き性と呼ばれ、あるいはかつて呼ばれたこともある)研究者たちを、私は、一人ひとり、甲冑、兜、臑当てをつけた姿で思い描いてしまう(Luciana Cassanelli,Gabriella Delfini, Daniela Fonti, *Le mura di Roma*, Bulzoni editore 1974)。

アウレリアヌス帝の城壁の形を周辺から測定してみると、やはりアウレリアヌス帝によって築かれたディジョンの城壁の場合と同様、宇宙論的なひとつの解釈が成り立つのではないか。こう主張するのは、そこに二つの異なる表象が込められているのを立証しようとする学者たちである。二つの異なる表象とは、七つの尖端を持つ星と鷲の形である。七という数が象徴性を持つことはよく知られているが、七角形の星、というのが、太陽にまつわる東洋の象徴体系の一部を成していることはあまり知られていない。この太陽信仰が、アウレリアヌス帝によって、ローマにしっかりととりいれられたのだ。城壁のところどころに設けられた門の中には、土台にファロス状の突起物の認められるものがある。それは、この都市を魔力によって保護してほしいという願いを込めて造られたものだろう。ギリシアの植民地ハリカルナッソスの廟をモデルに造られたハドリアヌス帝廟を要塞に改築させたのも、アウレリアヌス帝であった[図3]。この霊廟を手中におさめることこそ、時の支配者がローマ市全体を制圧した証にほかならなかったのである。ハドリアヌス帝廟をとりまくように飾っていたのは、アントニヌス一族の守護神であり、同時に天界を超える世界への明白な寓意でもあるヘリオスが駆る四頭立ての馬車であったが、これは、九世紀になって、五九〇年のペスト流行の折に教皇グレゴリウス一世のもとに現われたキリスト教の戦士としての天使像に置き換えられた。東ゴート族ウィティギス王の長期にわたるローマ包囲（五三七）のさい、この城塞（ハドリアヌス帝廟を土台とする現カステル・サンタンジェロ）に閉じこめられたビザンティンの駐屯部隊が、ハドリアヌス帝廟を飾っていた二世紀の彫像を包囲軍の頭上めがけて投げ落とし、ウィティギスの軍勢を撃退した。おかげで帝廟は、見るも無残な姿になった。アラブ人の襲撃からヴァティカンの一部を守る目的で、教皇レオ四世（在位八四七―八五五）が、「レオの都市」なるものを築くが、だからといって、教皇がこの城塞を長期にわたって保有するということにもならなかった。それどころか、一〇世紀から一一世紀にかけては、教皇の宿敵テオフィラトゥス［？―九二六頃］の一族の住居となっている。一三世紀半ばには、オルシーニ一族の手に渡り、一二七八年、オルシーニ家出身の教皇ニコラウス三世治下に教皇庁がラテラーノ聖堂からヴァティカンに移されるに及んで、この城塞は、その後幾世紀にもわたって、ヴァティカンから城塞にいたるボルゴ地区を守る武装兵の役割を事実上果たすことになり、教皇の権力を強化するための道具となった。この建物がそうした象徴的な意味あいを持つからこそ、ローマの人々が反感を爆発させたこともあった。一三七九年のことだ。しかし、彼らが剝がしたのは、外壁の大理石にとどまった。民衆を「剝がせぬ石に歯を立てる」犬にたとえるカルドゥッチ流の言い方をすれば、彼らは「鉄の爪」を立てたのだが、それも、それから数世紀ののち、パリの民衆がバスティーユに立てた爪と同じくらい無力であった。しかし、ローマが内に備え持っていたのは、この城塞だけではない。中世の町の例にもれず、氏族を象徴する塔が町のあちこちに聳え立っていた。やがて人民隊長（カピターノ・デル・ポポロ）ブランカレオーネ・デッリ・アンダロの刈りこみの結果、そののちは、一四本のみが残ることになった。

六世紀にベリサリウス将軍が残した城壁は、建設当時の形をとどめていたが、これを刷新増強する必要があると指摘したのは、人文主義者の教皇ニコラウス五世であった。任についたのはレオン・バッティスタ・アルベルティである。彼は、後世の城塞／稜保（バスティオーニ）を予見する、三角形の基盤を持つ控え壁（コントラッフォルティ）を造ろうと提案はしながらも、結局もとの城壁に修復を施すにとどめた。ニコラウス五世が、全面的な再建によって築こうとしたタイプの城塞都市は、一六世紀にイタリア内外に広まることになる。カステル・サンタンジェロは、この城塞都市の前線を担う稜保、そして前衛軍事拠点の機能を代行することになった。中央に天守（マスキオ）が建造されるなど、城塞は強化され、大理石の切石積み壁をそのまま残した南西の一角が存在を誇示する結果となった。レオ四世時代の壁は、ヴァティカンへと通じる秘密の回廊に改造された。

ヴァティカンでもいくつかの建築が進み、教皇庁はさながら隠された城塞のごとく構築された［図4］。ニコラウス五世の城塞の塔（トッリオーネ）（現スイス人の塔）は、アルベルティが包囲に備えて考案した城塞の技術を語るひとつの例である。翼壁としてニコラウス五世が建設したのは、唯一、法王庁館の北翼であるが、これは、一四世紀のコンパクトな要塞の姿を示している。システィーナ礼拝堂が配置されているのは、城塞を思わせる塔の中であり、さらにボルジア家の塔も加えられた［図5］。ベルヴェデーレの中庭とピーニャの庭園の間には、互いに対照をなす、開廊（ロッジャ）［現教皇図書館］と狭壁（ペッカデッリ）と狭間（メルロ）を備えたひとつの建物［新翼廊］がある。この建物は万一の場合には、軍事上の前哨地点となるべく設計された。ジョン・ウェブスターの『モルフィ公爵夫人』第三幕第三場で、枢機卿が、ペスカーラ侯に不意打ちをかけるべく呼びだされ、「僧服」を脱いで鎧を身にまとう場面が目に浮かぶ。危機にさらされた場合には、裾の長い僧服のレースの陰に隠された頑強な鎧姿へと変身する用意が、ヴァティカンの建物にはあったのだろう。それは想像にかたくない。ヴァティカン図書館の地下にまで、二万人分の軍装を備蓄する武器庫が隠されていたのである。

中でもアレクサンデル六世は、封建領主たちの反撃に備えて、かつまた自らの一族のために領地を確保しておくために、砦をいくつも建設した。したがって、町よりもむしろ自身と己の一族を守る目的でカステル・サンタンジ

図5——ヴァティカン宮殿

図6——ヤコポ・ヴィニョーラ
《ヴィッラ・ファルネーゼ》一五五九—七三年
ヴィテルボ カプラローラ

エロを増強し、それまでの塔を、より頑強な四つの城塔に置き換えた。火器が発達したのにともなって、細身の高い塔のある古いタイプの城塞は価値を失い、塁のしっかりした背の低い頑強な塔に基づく低身防衛の考え方が認められたのである。さらに教皇は、ピントゥリッキオに対し、ヴァティカンのボルジア家の塔の中に位置する居室にフレスコ画を描くよう注文を出した。そこにエジプトの秘儀を描かせたのは、自らの家の繁栄を祈念してのことである。人文主義者たちにとって、エジプトこそ、人間を知るための異教的な知恵の根源であったのである。

海からの脅威（この頃はトルコ軍）にもたえずさらされていたため、一五三七年、パウルス三世は小アントニオ・ダ・サンガッロに城壁の改築を要請したが、実現したのは、アルデアティーノ稜堡と、アヴェンティーノの丘の麓のコロンネッラ稜堡の二つだけだった。五角形の防壁に囲まれたカステル・サンタンジェロは、五角形の基礎の上に立つ、防衛の役には立たないが華やかな鎧とも言うべき、カプラローラのあの小さな城塞（ヴィッラ・ファルネーゼ）を思わせる［図6］。ピウス四世の要請で、ジャニーコロの壁とピア（ピウス）門が建設された。それは、要塞化したボルゴ地区を、建設の張本人たち、とりわけ宗教にかかわる者と、「法王庁の輩が声をかける淫らな女たちとよそ者の身持の悪い女たち」、平たく言えば娼婦たちが、思いのままに使える建物で満たすための政策であった。僧侶たちのすぐ隣で暮らすことになった娼婦たちが、のちにピエール・パオロ・パゾリーニに「辛口の物語」の恰好の材料を提供したのかもしれない。

ピンチョの壁のように、さらにのちになって実施された市壁の修復に関しては、戦略上の役割を考慮してのことではなく、考古学上の保護のため、と言われている。サン・パンクラーツィオ門とサラリア・デル・ヴェスピニャーニ門は再建された。当時すでにローマを特徴づけていた、敏感な地方尊重精神の証人である。防衛体制のうえでも時代遅れであり（孤塁がいくつかローマをとりまいたところで有効性はないと、とりわけジュゼッペ・ガリバルディが批判した）、また都市整備計画をも遅らせる原因になったとはいえ、フランスやプロシアをモデルに、ローマがイタリアの首都となってもなお続いた地方尊重の精神であった。

（一九七四［白崎容子訳］）

ローマのテヴェレ川

散文韻文を問わず、テヴェレ川ほど頻々と名を挙げられるめぐりあわせとなった河川も珍しい。否、ほかにはひとつとしてない[図1]。しかもイタリア文学においては、たとえばフォスコロのような詩人が、韻律による詩的効果を高めるために「テブロ川」なる別名で登場させもしている。だが、ここまで名高い川のイメージをふくらませてローマを訪れたのに、はじめて実物を目にしてがっかりする、というのもありえないことではない。期待していたのとは大違い。なんと地味な河川であることか。同様の想いは、ギリシアを訪れる巡礼も抱く。アテネのすぐ近くに、両足をそろえたまま飛び越えてしまえそうな小川が流れている。誰かが教えてくれなければ存在にすら気がつかないほどの頼りなさ。だが、これこそがソフォクレス『コロノスのオイディプス』に登場する、あの、有名なケフィソス川なのである。内実は違うが、ルイジアナにやってくる旅行者もこの種の気持を味わう。おだやかな川の流れの縁を彩るイギリスの田舎の素封家の家屋（カントリー・ハウス）のように、いまにも崩れ落ちそうな農家が、荘重なミシシッピーの水面に白い円柱の並びを映しているにちがいない。そんなイメージを抱いてはるばるやってくるが、いざ到着してみると、邸宅からミシシッピー川などどこにも見えないし、大きな農家も川からは見えない。ミシシッピー川はいくども氾濫をくりかえしたあげく、両岸をものすごく高い堤防で囲まれてしまったのだ。テヴェレ川は、ケフィソス川ほど小さくはないし、堤防もミシシッピー川のように高くはない。それでも、つまるところ、チェーザレ・

ドノフリオが、『ローマのテヴェレ川』（Cesare D'Onofrio, *Il Tevere a Roma*, Ugo Bozzi editore, 1970）で述べているとおりなのだ。別に、ローマとローマの町並みを誹謗するつもりはなかったらしいのだが、一八九三年にコスタンティーノ・マエスが書き残した次の一節を、納得しながら援用している。「石灰岩の堤防に挟まれて流れるテブロの輝き。かくも名高きものでありながら、芸術的な調和もヴァラエティもなく、素材のうえからも、また絵画的な眺めのうえからも、一切の優美さを欠いている。そのうえ、一億の経費をかけたというからたまらない。あれではまるで晴朗な空の下に広がる覆いのない大下水道だ」。ドノフリオはまた、テヴェレが時として見せる黒々とした緑色は、ウェルギリウスの暗緑色（カエルレウス）に相当するという印象も持っている。彼によれば、あの堤防も、洪水の悪夢からローマを救うためになくてはならないものであった。それにしても、「ここまで単調、かつ陰気くさい川にしなくてもすんだのではないか。たとえば現在架けられているマッテオッティ橋の少し下流域の、いわゆる〈ピネード岸壁〉に大きな階段を設けるだけでも、様子は違ったのだから」。さらにもう少し下流に下ったところのリペッタの船着き場は、破損したときにも、修理がほとんどなされなかった［図2］。「ローマ人とこの川の断絶はもはや悪しき習性となってしまったが、このような状態にしないためには、流れが常に、全容とは言わないまでも、見えるようにしておく必要があっただろう」としたうえで、「たとえばサンタンジェロ橋のためにベルニーニが考えたような先端で広がる格子状の欄干を持つ橋をもっと架けるべきだ」と提案している。彼の結論は、「今日のローマ人にとってテヴェレ川はまったく無縁の存在、それどころか、橋がわずかしかないために、対岸へ渡ろうとするそのたびに、常に乗り越えなくてはならない障害物にほかならない」というものである。

いわんや、名声だけが世界一というこの河川を、セーヌ川やテムズ川と比較してみようとしても、どだい無理な話である。セーヌやテムズは、その流れを眺めているだけでわくわくするような、親近感のある河川なのだ。テムズ川については、一七世紀にジョン・デナム（一六一五—一六九）が「深遠でありながら快活、柔和にして単調にあらず。怒らずして力強く、水を満々と湛えながら溢れでることはない」と、有名な詩句で謳っている。ローマのテヴ

図1——クリストファー・ヴィルヘルム・エッカースベア
《モンテ・アヴェンティーノに面するテヴェレ川の景観》
一八一三—一六年　コペンハーゲン　王立美術館

図2——ジャンバッティスタ・ピラネージ
〈リペッタ港の景観〉《現代ローマの景観》所収
銅版画　一七四八年以降

エレは、快活にあらずして、単調。今日では、水嵩が増しても、かつてローマの海抜の低い地域を水びたしにした折にローマ教皇の「麗しい手」によって印をつけられた水位以上に増水することはないけれども、それでも、一九三五年の秋に筆者が目撃したように、ティベリーナ島が脅かされることはある。デナムが「おお我、汝のごとく流れゆけるなら、汝の流れをわが手本とできるなら」とテムズを讃えたような詩句を、ことテヴェレに関しては、いかなる詩人であろうと口にできるはずがない。

フランチェスコ・ミリツィア（一七二五—一七九八）が『住居建築の諸原理』（Francesco Milizia, *Principij di architettura civile*, 1785）で想い描いていたのは、現実とは似ても似つかぬテヴェレ川沿い（ルンゴテヴェレ）の景観であった。ローマの一般住居建築について、次のように述べている。「この町に欠如しているのは、夏の散策を愉しめるような優雅で広々とした通りである。テヴェレ川沿いのリペッタ船着き場からサンタンジェロ橋にかけて折り重なるように立ち並んでいるあの家々を撤去すれば、そうした街路を造るのはたやすいはずだ。並木が一列に伸び、その途中、随所に噴水や円柱がある道。現在の粗末で品格のないぼろ家とはうって変わった、風格もあり見ていて浮き浮きするような家屋を並べれば、どんなにか心地よい河岸となることだろうに」。ミリツィアは新古典主義的な合理精神の旗手であった。彼と同じため息を、私も、今日のテヴェレ河畔を目にするたびにもらしている。同じルンゴテヴェレの、ファミニオ橋界隈ならなりえたかもしれない姿を夢想する……。イギリスのブライトンやバスの街に見られる三日月状の街区（クレシェント）、ザンクト・ペテルブルクのネヴァ河畔に、私は思いを馳せる。あのような空間が、ミリツィアの生きている間に造られていたら……。見よう見まねの田舎くさい実用家屋のかわりに、彼の趣味に合う町並みが造られていたとしたら……。フィレンツェのカッシーナ地方寄りのアルノ河畔（ルンガルノ）の方が、ようやく一九世紀末期に築かれたものであるにもかかわらず、気の滅入るような粗末なテヴェレ河畔の家並に比べて、はるかに気品を具えている。

それにしても、ローマの破壊は、徹底したものであった。ミルヴィオ橋——この橋には「脆い（モッレ）」という別名も添えられていたが、古代に架けられた中でもっとも頑強な橋［図3］である——からは、G・A・グワッターニの描写によれば、一九世紀初頭には、こんな景観を呈していたという。「ミルヴィオ橋の中程からサビーナの丘を彩るすばらしい日没が見える。丘の裾野に広がる草原、テヴェレの流れ、水道橋（アックエドット）の廃墟が、すばらしい絵を見せている」。一七世紀半ば頃、ニコラ・プッサンが描いた《聖マタイと天使のいる風景（別名「アチェトーザの水道」）》［図4］をもいまだ髣髴とさせる一幅の絵が、そこには広がっていたのである。一七世紀半ばをわずかに過ぎた頃には、E・F・ゴーリの次のような描写がある。「モッレ（ミルヴィオ）橋のあたりを水平線として、遠く北東の方角にはサビーナの丘の稜線。北西に目をやると、葬送の山にも似たヴァティカンの焦げ茶色の丘から、糸杉が列を成して伸びる。南方に、仰臥するかに寝そべる町。それを配下に置く幾百もの円屋根と塔……」。ドノフリオは、今、ミルヴィオ橋にいってみると、グワッターニとゴーリの描いているのがこの同じ町とはとても思えないと言う。今日、コルソ・フランチャ通りからローマ入りする者は、現代の大都市が誇りとする空を切りとる（スカイライン）建築物の姿の中でももっとも優美さを欠く、モンティ・パリオーリ通りの家並みの合間にほそぼそと見え隠れする空に迎えられる。旧き時代には、北の国からローマにやってくる旅行者は、ミルヴィオ橋を渡ると、「城壁の外に残るローマ時代以来のもっとも詩情あふれる道のひとつ」であるフラミニオ通りを抜けた。道の両側には壮大な門構えのヴィッラが建ち並び、近くの木立の下をテヴェレ川が流れていた。ポポロ門のわずか手前には、一六世紀の宝石とも言うべきサンタンドレーア・デル・ヴィニョーラ聖堂があった。この聖堂も、今では「正面をセメント色で覆われたおぞましい建造物の群れに、文字どおり踏みにじられ」ている。一五六五年、ベルナルディーノ・ガムッチに、これまで存在した町の入口で「どこよりも心浮き立ち、どこよりも美しい」と言わせたこの場所に、何が起こったのか。

博捜を極めたドノフリオのこの著書の、河岸に関する記述を読むと意気阻喪してしまうが、橋をめぐる部分について、英語の“petrifying”と対応するイタリア語を使うなら、まさしく「身が石と化すほどに（ピエトリフィカンテ）」唖然とさせられるのは、そもそも、石を使った建造物に関することだからなのか。壊滅的な洪水があったのは一八七〇年。このときはじめて、テヴェレ川をあの金属的な堤防で鎮める必要が認識された。それまでは、古代ローマ人も歴代教皇も、洪

図3——ジャンバッティスタ・ピラネージ
〈テヴェレ川に架かるモッレ橋の景観〉《現代ローマの景観》所収
銅版画　一七四八年以降

図5——カスパール・ファン・ウィッテル
《リーパ・グランデを流れるテヴェレ川》
ローマ　アカデミア・ディ・サン・ルーカ

図4——ニコラ・プッサン
《聖マタイと天使のいる風景》一六四一年以前
ベルリン　国立美術館

水という天罰に備える策をまじめに講じようとはしなかった。古代ローマ人は橋梁の建設に躍起になり、歴代教皇はその修復に追われた。周期的に襲ってくる天災は甘受されていたのだ。ドノフリオの研究が際立ってすぐれた成果をあげているのは、まさしくこの橋に関する箇所である。橋の建設にまつわる精密な情報を提供し、建設の布令や計画にしばしば辛口のコメントを添えて、それらの姿を明らかにしながら、いくつかの橋を正確に特定し、その抜け道としての機能を正しく伝えている。

アウレリアヌス帝は城壁を築くことにより、テヴェレ川沿いのカンポ・マルツィオ地区の防衛を図った。周辺の川沿いの道にはポポロ門からシスト橋にいたる地区にやがて家々が建ち並び、完璧に整備された区域となる。城壁には、川に面して抜け穴があった。そのうち四つの位置を、一八七七年にコルヴィシエーリが特定している。ひとつは、のちにリペッタ港［今日のカヴール橋］が開かれた位置。もうひとつは、ドノフリオによれば、ニコシア広場に近い小路カンチェッロ通りの名前の由来となった、あの「格子門（カンチェッロ）」の位置である。四世紀なかばの二冊の案内記の中で、プローボ橋と名付けられている橋がある。ドノフリオは、これこそまさしく、渇水の時期には、古代に築かれた支柱の巨大な残骸の見える、かの「ネロの橋（ポンス・ネロニアヌス）」、またの名「ヴァティカンの橋（ポンス・ヴァティカヌス）」にほかならない、としている。ヴィットリオ・エマヌエーレ橋のわずかに下流、いくらか左岸よりのところだ。ピラネージは、これを住居の残骸と見誤った。ドノフリオはさらに、リーパ・グランデ岸のテオドシウス橋、すなわち「スブリキウス橋」の跡も特定している［図5］。これが、テヴェレ川に最初に架けられた橋である。この橋の残骸は一八八八年にダイナマイトで爆破、撤去された。一八八七年には、二重橋形の「ロット橋（壊れ橋）」もすでにとり壊されていた。ロット橋のたどった嘆かわしい運命たるや、永きにわたって統治の座にあった歴代教皇が、橋の管理にはいかに無能であったかを象徴的に示すものである。何度も押し流されてはその都度修復された。この橋は、ティベリーナ島のすぐ下流にある。島で二手に別れた流れがふたたび合流して激しく渦を巻く位置にあって、急流に立ちはだかる最初の防波堤たる役を担ってきたのが、この、ローマの古い橋だったのである。

派手なものではないが、ドノフリオの期待に見合うような、その種のものとしては完璧な、新しい橋のプランを出した教皇がただ一人いた。ローマ統治者としては最後のピウス九世が、鉄製の「フィレンツェ人の橋」を建造している(一八六三年に除幕され、一九四一年にとり壊された)。聖堂、パラッツォ、噴水にはいささかも物惜しみせず、比べようもない技術の遺産をローマに残した教皇庁が、橋となると、エリオ橋、またの名サンタンジェロ橋をベルニーニの彫刻で飾ったのみ。それ以後「新たなるもの」として建造したのは現存しない「フィレンツェ人の橋」ただひとつである。それも、コロッセオから救いだした石で造ったのならまだしも、「イギリスの最も信頼のおける工場から供給された、溶解され焼き入れされた最高の品質の鋼」製ときている。教皇がベルニーニを太陽王に貸しだして王宮の設計にあたらせたのははるか昔のお話。今度はローマが、ヴィクトリア女王時代のイギリスの資本家と企業家に助言を求めたのである。その工事は、エイヴォン川をはじめいくつもの川の流れるイングランド中部地方のどこかの小都市にせいぜい自慢の種を提供するようなものであった。

(一九七二[白崎容子訳])

ローマの大理石

危険な関係（リエゾン・ダンジェリューズ）の中でももっとも危険なのは、小説家との関係だ。友人である小説家が描きだしたある登場人物が、どうやら自分であるらしいと気づいてぎくりとするときが、早晩訪れる。だが、それくらいならうろたえることはない。いかに手厳しく描かれていようが、性格の特徴が思いきり戯画化してあろうが、それは許されるべきものだ。しかし、失礼な描写をされれば、当然、簡単には許しがたくなろうというもの。そして、礼を失した最たるものは、小説家が、その人物と他の誰かとを、ごちゃまぜにして登場させることである。外見上の特徴を別の人物といっしょくたにして、混血種のごとき人間を描きだす。が、それでも、どうやら自分のことらしい、とわかるのだ。もっとも、この手続きの背後には、チョーサーから、スコット、プルーストにいたる長き伝統がある。モデルが誰とはっきり識別できなくなるように特徴を消し去る術をある程度心得た物語作家であれば、どんな作家も皆してきたこと、と言ってよいだろう。少しまえ、自信満々のある女性作家が、彼女の自伝的小説（今のところ未刊）の原稿を、無邪気にも私に見せてくれたことがある。そこには、この私が描かれていた。彼女は、私であるということがわからないようにするために、アンピール様式ではなく一八世紀様式の部屋に私を住まわせ、本物どおりに足をひきずらせるかわりに義足をはかせ、さらには栄えある贋作の伝統に則って、私とはまったく無縁のものである欠けた歯を私にプレゼントすればよいと思ったらしい。欠けた歯、これは、同じく友人である詩人カルダレッリのものだ。この厚かましい非礼に啞然とし、駆け出しのこの女性作家に、私は、それ相応の対応をしてやったものだ。
古代の大理石を研究する学者はそう多くはいない。が、ローマで一人名を知られている人がいるとすれば、サンスクリットの教授であるラニエーロ・ニョーリだ。何年かまえ、私はルイージ・マレルバの小説『蛇』を読んだ。そこに、「大理石熱」にとり憑かれたバルダッセローニという人物が登場したときには、思わずはっとした。ダンヌンツィオの『快楽』の中に、イギリス人のサディスト、マウント・エッジカム侯爵が登場したときにはゴンクール兄弟の『日記』に描かれたイギリス人のサディストをすかさず思い浮かべたが、あのときとよく似た思いであった。大理石熱は、古代ローマ時代には珍しいものではなかっただろうが、サディズムほどにはいきわたっていなかっただろう。「雨の降る日、フォロ・ロマーノの遺跡を俯いて歩く男をご覧なることがあったら、それはバルダッセローニだ。雨の日には、降る雨が余計なものを洗い流し、大理石の貴重なかけらの見つかる可能性が高い。古代の円柱をハンマーで容赦なく一叩きすれば、破片がはがれることだってある。それをバッグにしまいこむ。雨の日は、バルダッセローニにとって絶好の日和。エスカルゴを探し歩く人にとってもそうだけれど」。疑いの余地はない。このマニアックぶりは、エラスムスの『痴愚神礼讃』には見当たらないタイプのものであり、ラニエーロ・ニョーリそのものだ。「よくよく観察してみると、見てくれのうえでも、バルダッセローニには、どこか溝鼠にも通じる薄汚さがあった。手は夏でも冬でも汗ばみ、薄い金髪、肌には赤みがさしていた……」。
さて、このバルダッセローニことラニエーロ・ニョーリの書下しによる書物が出版された。現代イタリアの物語小説の状況は、混乱をきわめて（あるいは衰弱しきって）いるから、マレルバの『蛇』が、そのどさくさに抜け殻を紛れこませておける間は、ニョーリの本にも読者は存在し続けるだろう。『蛇』が値打ちもない小説だというのではない。しかし、文化にとって、否、文学にとってもまた、どちらがより高い価値を持つかと言えば、それはニョーリの本に決まっている。蛇はシューと空にかき消える音を発するのみだが、ニョーリの『ローマの大理石』（Raniero Gnoli, *Marmora romana*, Edizioni dell'Elefante, Roma, 1971）は、大理石さながらに永遠に残ることだろう。大理石について、これほど信頼のおける書物はほとんど存在しなかった。その意味でも古典となるべき著書である。言うまでもなく、ローマのエレファンテ出版という絶好の出版社に出会って、一九七一年の刊行にこぎつけるまでには、持ちこんだ原稿が何度はねつけられたか知れない。テーマが特殊ですから……図版の掲載の経費が……昨今は大衆向けの本でないと……などなどと理由を並べ立て、捌けるのに時間がかかり、マーケットの限られる書物に編集者どもは眉を顰める。マレルバの本は、こんな目に会わなかったろう。出版社の申し出の中からどれを選んだものかと、おそらく著者の方が迷ったにちがいない。

濡れた地面を見据え、下を向いて歩くのは、エスカルゴを採集する人ばかりではない。アルプスを越えてやってきた一人の旅人が、ローマより南、フォルミアのモーラ・ディ・ガエータ海岸を同じような姿で歩いていたにちがいない。一七八七年二月のある日のことだ。旅人は、小石に混ざって、興味をそそるさまざまな石があることに気づいた。蛇紋石、碧玉、石英、珪礫岩、花崗岩、斑岩……。同行していた友人の画家に言う、これらの鉱物は古代の建物の破片であるにちがいない……。目の前では、波が荘重な古代世界と戯れていた。旅人は、その名をゲーテといった。

あらゆる事物の儚さ、これは「われ、かつてアルカディアにありき」のモティーフの内に結実している。ゲーテのこの回想は、それにまつわるメタフィジックな感情そのものから生まれたものだ。それに似た何かを、宮廷建築家サロモン・ド・ブロスのうちに見いだそうとしても、徒労に終わるだろう。トロンペーオが、古代の石に関する著書『マルガーナ広場』(Piero Paolo Trompeo, *Piazza Margana*, Roma, Bulzoni, 1969)で述べているとおり、ド・ブロスにとって「大理石は大理石であって、それ以外のなにものでもない。目を愉しませ、触れれば喜びをもたらす、それ自体美しいもの」であるからだ。トロンペーオのこの書物には、ド・ブロスからの引用が長々と全文掲載されているので、読者諸氏はご参照いただきたい。おもしろいのは、この引用が、これまた博覧強記のニョーリの目にはとまらなかったらしいことだ。この見落としがあること、そしてユルギス・バルトルシャイティスがとりあつかった

(『アベラシオン』[1957] 中の「象られた石」)多色の大理石に見いだされる奇妙な形象について言及されていないこと、またロバート・ブラウニング(ブラウニングスとする同書一六六ページの表記は誤り)の有名な詩「サンタ・プラッセデ聖堂の司教、自らの墓を注文する(Il vescovo di S. Prassede ordina la sua tomba)」の引用に正確さを欠いていること、このすばらしい書物の欠陥は以上の三点のみであると、私は思う。見事なカラー図版を目にしたら、ポロック、ロスコ、ドラツィオらの絵画をよしとする人たちは、反省をうながされるはずである[図1]。

次のような記述にも出会う。古代ローマ人たちは、アレクサンドリアの人々の先例に倣い(多色大理石を用いた装飾の最初の例は、ハリカルナッソスの霊廟である)、珍しい大理石に夢中になった。そして多額の(しかし決して法外ではない)金と引き換えにそれらを手に入れた。現代人が先に挙げた画家たちの絵に寄せる狂気の沙汰を思えば、十分すぎるほどまともなことである。それでも、クイントゥス・メテルス・マケドニウスとリキニウス・クラッススがローマに持ちこんだこの新手の奢侈を、哲学者たちは咎め、呪った。セネカも、「われわれの洗練も極限に達し、宝石の上でなければ歩きたくないと思うようになってしまった」と嘆いている。ローマの人々の大理石熱、緑と薔薇の色をした大理石を組みあわせることにかける情熱は過熱するばかり、その後四世紀にわたって持続する。まず、いくつかの採石場を帝国の独占とし、やがて、大理石が手に入らなくなるのを懸念する皇帝たちが、個人的なレヴェルでの採石をも奨励するにいたった。

チルコ・マッシモの近くにある「大理石通り(ヴィーア・デッラ・マルモラータ)」の名が、はるか昔、ギリシア、小アジア、エジプト、モーリタニアから運ばれてきた大理石を貯蔵するための倉庫があったことを偲ばせる。採石現場では、「鉱山労働(アド・メタッラ)の刑に処せられた哀れな囚人たちが、今では想像を絶するような条件で働かされた(この古代の伝統が、のちに帝政ロシアで、ウラル山脈の鉱山労働に引き継がれることになる)。やがて、オリエントの皇帝たちがローマから大理石を略奪し、キリスト教徒たちが古代の建物を破壊してその貴重な素材の再利用を図った。新しい建設者たちは新たな建造物の土台とするために大理石像を遠慮会釈なしに粉砕し、ヴェネツィアの十字軍はコンスタンティノープルから大理石を剥奪

図1——アラバスター大理石の円柱断片

《メン・カウ・ラー王の肖像》
図2——紀元前三世紀中頃　ベケン石
カイロ　国立美術館

図3——《フェデリコ二世の墓碑》赤斑岩　パレルモ　大聖堂

図4——ローマ　サン・ジョヴァンニ・イン・ラテラノ聖堂前広場
《トトメス三世のオベリスク》エジプト第一八王朝　赤御影石
三五七年にローマ皇帝コンスタンスによってローマに運ばれた。

した。こうして、その後何世紀にもわたって貴重な大理石は離散の運命をたどり、やがてフランス人がサンタ・プラッセデ聖堂の古の赤い大理石の階段をナポレオンの玉座とするためにパリまで持ち帰ろうとする時代が訪れる（結局それは果たされなかったのだが）。今日、とんでもない場所の美術館や骨董品店、あるいはウィーンの古いカフェのテーブルにまで、輝かしい由来の大理石に出会うことができるのは、大理石がこのような運命をたどってきたためである。この、古代大理石物語。石の心まで揺り動かし、涙させる物語ではないか。

今日では、ミレッラ・ベンティヴォリオが抽象派画家たちの色のコンビネーションに心を奪われ、たとえばロスコに、「暦」と題した次のような内容の詩を英語で捧げている（Mirella Bentivoglio, *Calendario*, Nuove Edizioni «Enrico Vallecchi», 1968）。「錆色の空がひとつ落下する。傍らで、濡れた埃の香を放つ魂の長い叫びが、ほとんど曲線を描かぬ歌となって舞いあがる」。スタティウス、シドニウス・アポッリナリス［ラテン詩人、四三〇―四七〇］、パウルス・シレンティアリウス［ギリシア、六世紀］ら古代詩人たちは、色のついた大理石を見ては、同じようにときめき、うっとりしていたのだ。ビザンティンの物語作家エウマツィオスは、さまざまな珍しい石でできた噴水を、こまかく描写している。ニョーリがみごとにイタリア語に訳したこれらの詩句は、現代の人間が多少なりとも親近感を抱けるかもしれないひとつの嗜好の証人である。たとえば、パウルス・シレンティアリウスは、ハギア・ソフィア大聖堂の大理石の色彩を観察し、あらゆるニュアンスを書きとめている。これも、ロスコの手にかかると、まったく別のものとなる。

古代の大理石を同定するのは、およそ簡単な作業とは言えない。石工たちが日常的にとりいれている命名法や分類法は、しばしば思いつきによるものであり、混乱をきわめているので、識別はますますもってむずかしい。これの整理を試みた学者として、アゴスティーノ・デル・リッチョ、レオーネ・ストロッツィ、ファウスティーノ・コルシ、E・ドッドウェル、ヘンリー・トリー、トンマーゾ・ベッリとフランチェスコ・ベッリの名があげられる。古代石の収集家の間に今日普及している分類法を考案したのは、フランチェスコ・ベッリである。大理石研究の黄金期は、一九世紀前半であった。地中海沿岸をくまなく旅して実証に努めたニョーリの調査報告。これを愉しむことができるのは、石の専門家だけではあるまい。好奇心を誘う博識に満ち満ちている。ファラオ像に用いられたのは、「ベケン」石、すなわち鉄の色をしたベイサイト石であった［図2］。ローマ皇帝たちは斑岩（ポルフィド）の棺の中に埋葬され［図3］、ビザンティンの皇帝たちは斑岩の壁に囲まれた部屋でこの世に生を享けたため、「斑岩生まれ（ポルフィロジェネティ）」と呼ばれたのだ。オベリスクは「アスワンの赤い石」とも呼ばれる赤御影石で造られたし［図4］、キリストが笞刑のとき縛られた円柱に使われたのはテッサリアの大理石と信じられていた……しかし、これはありえないことだ。テッサリアの大理石がはじめて使用されたのは、ハドリアヌス皇帝の住居ヴィッラ・アドリアーナでのことだったのだから。深紅の石にスタティウスが見たのは、フリュギアの、去勢された美少年の神アッティスの血痕であった。ヘルメスは、口を封じたのに秘密を喋った羊飼いバットスを灰色の石に変えたと伝えられている。猜疑心の強いドミティアヌス帝は、いつも通る柱廊の壁を、フェニジテ、すなわち光輝くアラバスターで覆わせた。これが鏡の役割をして、背後で起こっていることにたえず目を光らせることができるように。ギリシアの緑色斑岩あるいは蛇紋岩は、大理石すべての中でいちばん華やかだ。ピレネー山中の、古代の石を切り出したあとの黒と白の縞の山膚は、世界一不吉である。パラティーノの丘のマグナ・マーテル神殿の女神キュベレ像を装飾していたのは、小アジア、フリュギアの町ペシヌンテで採石された神秘的な黒い石であった。五世紀に、スティリコ将軍の妻セレナがこの黒い石を持ち去ったときには、セレナと夫、その子どもたちに神々の復讐が及ぶようにと、最後の巫女（ヴェスタ）が切なる祈りを捧げた。しかし、神々がこの願いに応えることはなかった。この世からすでに姿を消していたからだ。そのさまは、まさに、古代の大理石の命脈がとぎれたのと同じであった。今日の大理石は、機械で採石されるので、人間の手で調えられたあの魅力ある表面とはかけ離れている。ヨハネス二三世によって張り替えられたサン・ピエトロ大聖堂前の柱廊の床は、どうも、感心しない。

（一九七一［白崎容子訳］）

ルネサンスのローマ

一八世紀にローマに滞在したユベール・ロベールやパンニーニの想像風景画（ヴェドゥータ・インマジナーリア）のように、ルネサンス時代にローマに建造された建物のすべてがひとつところに集まると仮定してみよう［図1・2］。ローマでも、ルネサンスが、少なくとも最終段階においては、フィレンツェ、ウルビーノ、フェッラーラ以上に黄金期を迎えるかもしれない。もっとも、フィレンツェやウルビーノやフェッラーラは、町に一歩足を踏み入れれば、すぐさまルネサンスの雰囲気に浸らせてくれる。ローマでは、いやがおうでもまず感じるのは、バロックだ。ルネサンスときたら、これも実を言えば山のようにあるのだが、とりあえずは、たとえば、パオロ・ポルトゲージの、思慮深さの滲みでる密度の高い著書『ルネサンスのローマ』全二巻（Paolo Portoghesi, *Roma del Rinascimento*, Electa editrice）といった書物の中へと、探しにいかなくてはならない。驚くべきことに、ローマを実際に歩いて、ルネサンスゆかりの名で呼ばれている界隈を歩いてみても、先に挙げた、イタリアの他の町で抱く印象に比肩するものは、何ひとつ抱くことができない。そうは言っても、ルネサンス時代の主要な芸術家たちは皆ローマで仕事をしている。その芸術家たちの名前を挙げるまでもないだろう。誰もがローマに立ち寄った。しかし、この町に刻印を残したのは、彼らではなかったのだ。赤みと土の色を帯びた漆喰で塗られた建物の色彩が想起させるのは、ひたすらバロックである。ルネサンス期のローマでおおむね目立っていたのは、トラヤヌス帝の円柱やアントニウス・ピウス帝の円柱［図3］などに浅浮

図1——ユベール・ロベール《ローマのアーチとサン・ピエトロ大聖堂ドームをともなった風景》一七七三年
ザンクト・ペテルブルグ　エルミタージュ美術館

図2――ジョヴァンニ・P・パンニーニ
《ローマの遺跡》一七四三年
ヴィラルソー　ヴィルフランシュ・コレクション

図3――〈トラヤヌス帝の円柱〉一一〇―一三年　ローマ

図4――ドナート・ブラマンテ
《サンタ・マリーア・デル・ポポロ聖堂》一五〇五―〇九年
ローマ　ポポロ広場

図5――レヴィン・クルイル
《ポポロ門から見たローマのパノラマ風景》素描　一六六五年頃

Prospectus Portae Flaminiae et magnae partis Romae Vulgo Porta del popolo.

彫りで再現されているような古代の豪勢な生活のさまを、明暗法による絵画で装飾した家々であった。しかし、こうした華やかな装飾で、今日残されているものはほとんど皆無に近い。パラッツォ・リッチの掻き絵も消滅したが、あれが最後だったのではないだろうか。

新古典主義についても同様のことが言える。ローマが新古典主義発祥の地であったのは事実だが、大芸術家の一人としてローマ出身の者はいなかった。そのために、町のどこにも、新古典主義的なものは存在しない。ポポロ広場にすらないと、あえて言おう。ポポロ広場の三つの聖堂は、新古典様式ではなく、ひとつはブラマンテによるもの［図4］、あとの二つはバロック様式である［図5］。オベリスクと、ヴァラディエールによる地味な住宅用の建物も、この広場を特徴づけるものとはなっていない。

色彩についてはどうだろう。ルネサンスと結びつくのは派手な色彩だ。ところが、ローマのルネサンス建築は、狭い通りに面して煤けた色をさらしている。ボルトゲージが「ローマの古典建築の中でもっとも熱のこもった個性的な作品」と評したパラッツォ・マッシモですら、石炭さながらに真っ黒だし［図6］、パラッツォ・ファルネーゼにいたっては、シャルル・ド・ゴールが口出ししたわけでもないのに、どちらかと言うと辛気臭い［図7］。パラッツォ・ルロワとパラッツォ・ソーラの、ヴィットリオ・エマヌエーレ大通りに面したファサードは見せかけだけのものだ［図8］。これよりも橋寄りのパラッツォ・アミーチは、たしかにサンソヴィーノ的な明るい回廊を誇示してはいるが、この回廊もどこかうさんくさい。ヴィッラ・ファルネジーナは、黒煙によって外観を損なわれているとまでは言わないけれども、建てられた当初の色彩を保ってはいない。「黒くはあれど姿は美しい」と言い聞かせて、気持を慰めることができるだろうか。できたとしても、やはり、ローマ・ルネサンスのパイオニアたるブラマンテの思想からは遠くかけ離れている。ブラマンテは、自らの建築を、明るい景観を成すものと考えていたのだ。ゴヴェルノ・ヴェッキオ通りやモンテヴェッキオ広場に建ち並ぶ小さな館の前を通るとき、ともかく浮かんでくるのは「古ぼけた」という言葉のみである［図9］。ロレンツォ・デ・メディチの「若きことのなんと麗しい……」という、あのいかにもルネサンス的な詩句など、およそ脳裡をかすめることはありえない。

フィレンツェが古典とするものと、ローマが古典と考えるものとでは、たしかに根底がちがうのだ。フィレンツェの人々は優美さを目指した。ローマで、古代の壮大な遺跡に囲まれて仕事をした建築家たちには、古代ローマの巨大な手本を無視することができなかった。フィレンツェ・ルネサンスを否定して、人間の尺度と均衡のとれた「調和の詩学」とは相反する「崇高の詩学」を採用し、ローマの記念建造物たるにふさわしい構造上の価値にこだわりつつ、ピラネージの銅版画に先駆けるプロジェクトをもって自らを表現したのである。ブラマンテは、サン・ピエトロ・イン・モントリオ聖堂の、古代神殿を模した小神殿（テンピエット）に、古代建築様式の中でももっとも質実剛健なドーリア様式を採用した［図10］。こうして、初期ルネサンスの伝統と縁を切ったばかりか、華麗な様式を優先させるフィレンツェの慣習を拒絶したのである。ただ一人、ウルビーノで質の高い教育を受け、ピュタゴラスの理論の知識もあったラファエッロだけが「優美さ」を選択し、サンテリージョ・デッリ・オレフィチ聖堂［図11・12］に、そして［サンタ・マリーア・デル・ポポロ聖堂の］キージ家礼拝堂に、それを実現した［図13］。この礼拝堂は、ウルビーノのパラッツォ・ドゥカーレにある赦しの礼拝堂（カペッラ・デル・ペルドーノ）によく似ている［図14］。さらに、ヴィッラ・マダマの設計においては、装飾的形態と自然の形態を合致させるという、古代ローマのヴィッラに固有のものであった古典的な調和の概念にいきついた［図15］。グロテスクなものを漆喰に組みあわせながら採りいれた結果、内装に自然を生かした奇想（カプリッチョジタ）が導入された。一八世紀になって、ロバート・アダムや、ペルシエとフォンテーヌがこれに倣うことになる。

フィレンツェのルネサンスについて語るべきものが「魅惑」であるとするなら、ローマのルネサンスにもっともふさわしい言葉は「荘重」だろうか。荘重さはやがて増産されることになる。荘重さをもとに、フィレンツェ出身のアントニオ・ダ・サンガッロが、独自の実用主義的な姿勢で、台頭しつつあった市民層の必要に応えうる住居の規格をうちたてるにいたった。ポルトゲージに言わせれば、これは産業革命期の技術や大量生産に先駆けている。畏敬の念をたしかに起こさせる建物ではあるが、もはや山鶉ばかりを描くような趣味はない。彼の代表的建築は、

図6――バルダッサーレ・ペルッツィ《パラッツォ・マッシモ》一五三二―三六年　ローマ
図7――アントニオ・ダ・サンガッロ《パラッツォ・ファルネーゼ》一五三四―四六年　ローマ
図8――《パラッツォ・ソーラ》ローマ
図9――ゴヴェルノ・ヴェッキオ通り　ローマ

図10——ドナート・ブラマンテ
《サン・ピエトロ・イン・モントリオ聖堂の小神殿》
一五〇二年着工　ローマ

図11——ラファエッロ《サンテリージョ・デッリ・オレフィチ聖堂》一五一四年以降 テヴェレ河側より見た外観

図12——図11のヴォールト

図13——《サンタ・マリーア・デル・ポポロ聖堂》キージ家礼拝堂
図14——《パラッツォ・ドゥカーレ》赦しの礼拝堂　ウルビーノ

図15——ラファエッロ《ヴィッラ・マダマ》一五一七—二三年
ファサードとロッジャの内部

ミケランジェロの参加も得て最高傑作となったパラッツォ・ファルネーゼである。いくつも造った建物のいずれにも気品はあるが、そのわりにはファサードのなんと単調であることか。ホラティウスが詩について述べたとおり、「美しいだけでは十分ではない、快いものでなくてはならない」のだ。イタリアに題材をとったエリザベス朝演劇の血なまぐさきの背景として、ヴァーノン・リーが挙げたのは「逃走を妨げる格子戸、足音を吹いこむ絨毯、とつぜん口を開く落とし穴、刺客が潜むのに絶好の綴れ織の布、毒を盛った花飾り」。これは、サンガッロの建物のいずれかを念頭においての描写にちがいない。そしてゾラが、ローマに捧げた小説の中でエリザベス朝演劇を思わせるドラマを見せているが、その舞台は、サンガッロによる建築のひとつであるパラッツォ・サッケッティだったにちがいない。また、ヘンリー・ジェイムズが『ある婦人の肖像』でギルバート・オズモンドとイザベル・アーチャーの不幸な結婚生活の舞台としたのは、サンガッロの建築でこそないが、ローマの、やはりいかめしい一六世紀の建物、パラッツォ・リッチである。小説の中で「パラッツォ・ロッカネーラ（黒岩館）」と名づけられたのは、なかなか示唆的である。

　サン・ピエトロ大聖堂は、もしもサンガッロのプランが実現していたら、そのファサードはひどく近寄りがたいものとなっていたことだろう。ボルトゲージに言わせれば、「量感たっぷりの曲線がつくりだす要塞さながらの塊」みたいなものだったのだから。ここまで崇高な職務を前にすると、アントニオ・サンガッロの実力も暗礁に乗りあげた、ということだろうか。「アントニオは……挟廊はコロッセオから、小礼拝堂はパンテオンから、一連の彫像は浴場からそれぞれとりいれ、その各々を挿入句として、説得力ある大説教壇の演説に溶かしこもうとした。だが、そこには〈内容〉が欠落していた。突きでた巨大な後陣の背後にありえない円形劇場が潜んでいるようであり、台座の四つの角に載せられた八角形の塔の背後では、まるで要塞でもあるかのごとく、砲兵隊がじっと様子をうかがっているようだ。……難破船の生き残りさながらに、輝かしい断片がひとつの文脈の中からいきなり突出する。偉大なモデルのプランを読んでいると、発想のしなやかさと密度の濃さが、ますます逆説的に思われてくる。〈濃縮〉

タイプのこの建造物は、奇怪（モストルオーゾ）であり、夢のような魅惑を湛えている。目の前につきつけられたこの遺言状を読んでいると、次のようなイメージが錯綜して頭が混乱してくる。きわめて有能で確信に満ちた建築家。支配者層の信頼を獲得し、革命的な文化体験をなしえた男。実用主義的ヴィジョンと文化的関心をもって、社会的尊厳を建築という仕事に引き寄せるという先人のなしえなかったことを、同時代の他の誰よりもうまく成し遂げた男。最高の仕事のチャンスにめぐりあったのに、言語とその内容の不整合という一大危機に建築家の顔でしか対応できなかった男。同じようなことはもう少し時代を経たあとにも起こる。市民が力を蓄えたあとに古典主義が迎えた危機、ついで歴史的折衷主義がたどった経緯は、ピッロ・リゴーリオの絵画やピラネージの銅版画に見るとおりである」。

新たな文体が案出され、ローマの建造物に対するそれまでのコメントがことごとく建築の分野から一掃されるには、「個人主義的にして内省的な姿勢から思いついて〈英雄的な〉階段を昇ることにした」ミケランジェロを待たねばならない。サンガッロは、建築の新しいレトリックに貢献した。たとえば、サン・ピエトロ大聖堂の柱廊を二重にしようというアイディア。サント・スピリト・イン・サッシア聖堂の、大きさの異なる空間を二層に重ねるファサードを築こうというプラン［図16］。これには、その後三世代の建築家が係わることになる。パラッツォ・ファルネーゼの、大階段の入口、そして中庭と柱廊をつなぐ遠近法的狭間は、のちにミケランジェロ、ベルニーニ、ボッロミーニがモティーフとして採用することになる［図17］。こうした新しい着想は、もしも同時代にミケランジェロがいなかったとすれば、それぞれの建築家にとって重要な基準を与えるものとなっていたことだろう。サンガッロの個性的な様式は、ダンテの文体がそうであったほどには、彼の時代に見合う産物ではなかった。アントニオ・ダ・サンガッロが、コロッセオ、パンテオン、浴場から細部をそのまま借用した一方で、ミケランジェロは原型に変形をほどこすことによって新しいものを創作した。これは、のちにレンブラントがとる方法である。ミケランジェロの場合は、それから二世紀後のルドゥーの方法と同様、古典主義と呼ぶことができるだろう。フランスの大建築家ルドゥーの場合も、ミケランジェロと同じく、アイディアの方がその実現よりもはるかに先行していた。ミケラン

図16――アントニオ・ダ・サンガッロ《サント・スピリト・イン・サッシア聖堂》一五三八―四四年

図17――アントニオ・ダ・サンガッロ《パラッツォ・ファルネーゼ》中庭 一五三四―四六年 ローマ

図18——ピッロ・リゴーリオ《ヴィッラ・ピア》一五五八—六一年
図19——《ヴィッラ・オルシーニ》ボマルツォ（ヴィテルボ）

ジェロの空想の中では、フィレンツェのサン・ロレンツォ聖堂に巨大な鐘楼があり、そこから鐘が大音響を轟かせていた。実在しないものたちに、グロテスクな形状を与えたいと思っていた。花の萼から出てくるプットたち、ミルトの枝で造られた破風と窓枠といった、一見ありえないもの、不合理なものである。フランシスコ・デ・ホランダが述べているように、「理解をもってつくれば、いかなるものでもきわめて美しくなりうる」と、ミケランジェロは考えていた。マニエリスト世代を魅了したミケランジェロには、このような、北方人的な奇矯な側面もあったのだ。聖堂や厳粛な建物に似つかわしくない形象を配するわけにもいかないので――とは言いながら、ミケランジェロはメディチ家礼拝堂のフリーズにグロテスクな相貌を描いているけれども――彼はこのようなアイデアのはけ口を、ヴィッラや庭園に求めた。

バルダッサーレ・ペルッツィには、ヴィッラ・ファルネジーナの外壁は男像柱と植物のフレスコ画で装飾し、内壁にはラファエッロ的な吊り棚を設け、それを通して外部の明るさを浸透させることによって自然の空間を模す、というアイデアがあった。まさしく、外と内の空間が相互に浸透する関係を打ち立てることを意図した発想である。「建築を通して、人間は自らの空間を閉鎖する」とポルトゲージは言った。「自然から孤立したときに、閉鎖空間にいることを認識する。しかし、幾何学的な自らの王国の内側にあって、自然を描き、自然を神話の内にひもとくことによって、再びそれを希求する」。もしも、ヴィッラ・ファルネジーナやヴィッラ・マダマ・ヴィニョーラの解放性に代わって、教皇ユリウス二世のヴィッラの閉じられた園（ホルトゥス・コンクルスス）の法則がとりいれられていたら、もしも、カプラローラに聳え立つ五角形の大建築が、その英雄的な試みとフレスコ画によるレトリックの勝利を滋養とするあまり、冷たく貴族的な孤高のうちに閉じこめられているように見えるとしたら、そこに私が夢見るのは眠れる美男、眠れる騎士である。ピッロ・リゴーリオは、ヴァティカンのヴィッラ・ピアやヴィッラ・デステのうちに、意味と神話と物語の世界としての古典の伝統を読みとっている［図18］。これは、「建築」対「自然」の関係が、時代を下ってエンブレムの庭園から、やがてフロベールの『ブヴァールとペキュシェ』におけるパロディとなって確立するのに先駆ける解釈であった。ヴィッラ・デステはエデンの神話を再現したもの。一方、ボマルツォの聖なる森（サクロ・ボスコ）には、エキゾティックな呼び声が早くもこだましている［図19］。ポルトゲージは、ボマルツォにはアンマナーティがかかわっている、アンニーバレ・リッピが参加した可能性はさらに高い、と考えている。町を嫌い、エキゾティックな呼び声に耳を傾けていた不安症のヴィチーノ・オルシーニは、友人ドルエにこのように書き送っている。「世界中いたるところの警告の何かを私に送っていただけるとうれしいのだが」。というわけで、古典的な要素の主要な結びつきには五つの様式があるとされたこの時代、つまり一六世紀は、ロマン主義への憧れとも言える何かを、はやくも萌芽として孕んでいたのである。

（一九七二［白崎容子訳］）

偽書によりて

チェーザレ・ドノフリオはすぐれた著作によって、ローマの、すべてと言ってもよいくらいのほとんどの石をとりはずしてみせてくれた。重さはレンガ程度のものだが、これらの石にはおいしい情報、そしてまた苦い情報が詰まっている。というのも、しばしば石の下には蛇が潜んでいるからだ。美しきものは、周知のごとく、常に喜びであるが、その下にはしばしばとんでもないものが隠れている。ブロンズィーノのあの高名な《ヴィーナスとクピド［愛のアレゴリー］》の寓意画がそれを教えてくれる。彼が描く美しい娘はただの「天上の豊満な娘（フォルモーザ・スペルネ）」でありながら、実は龍の尾を隠し持っている。

スペイン階段は美しい［図1・2］。しかしその歴史は、抗争と横暴と侮辱、そして虚偽を欠くことがなかった。修道士フランチェスコ・ディ・パオラが「祈禱師」として名声をほしいままにしていたこと、そして彼がフランスの宮廷側に立ってルイ一一世の延命をはからせてほしいと要請したことに始まる。ナポリ王フェッランテは、聖なる香に誘われて配下を情け容赦ない敵に差しだすのは、当初気が進まなかったが、神意にかかわるこの種の武器はめぐりめぐれば自分に向かうこともありうると見て、その意を入れた。国王の命を救うために試みた断食も、祈禱も、そのかいはなかったが、フランチェスコはルイ一一世の後継者シャルル八世に厚遇された。新しい国王は、彼のためにトゥールに修道院を建設させたのみならず、フランスで彼の宗派が広まるよう手を差し伸べた。ボルジア家出

図1——ユリウス・フリードレンダー
《トリニタ・デイ・モンテイの階段》一八四七年
コペンハーゲン　王立美術館

図2——フランチェスコ・デ・サンクティス
《トリニタ・デイ・モンテイの大階段》
一七二六年完成　ローマ

身の教皇に会則を認めるようにせまり、ついにはローマに新しい修道院を創設すべくピンチョの丘に土地を購入するよう資金を供出させるにいたった。フランチェスコ本人は、のちに聖者に列せられるような人物であるから、自らの宗教上の構想にのみすっかり気をとられ、フランス王の虎視眈々たる政策に思いいたることもなかった。それどころか、イタリアに出兵するよう国王に進言したらしい。一四九五年一月二一日、フランチェスコは「自らとその教団に宿舎と礼拝堂を定め建設することを以下の者に委ねる……」と記した請願書を教皇アレクサンデル六世に送り、フランス国王の寄進を裁可してほしいと依頼した。さらに、新規の修道会会則の制定はラテラーノ公会議（一二一五年）で堅く禁じられていたにもかかわらず、自らの会則の承認を求めた。シャルル八世に支持されたフランチェスコの要請は、小心翼々とした教皇にただちに受け入れられるところとなった。教皇がフランス国王に感じていた脅威は相当のものであったらしい。国王がローマを訪れたときの会見で、教皇は客が用を足しに立ったときのみ声高に話したという。フランチェスコの書簡には、ピンチョの丘に建つこの修道院に、彼がふさわしいと定める人数を住まわせるようにという依頼がなされている。最初の九代までの修道院長は全員フランス人であり、フランス人修道士が数において勝っていたが、一五三五年から一五四七年までの間に四人の修道院長のうち三人までがイタリア人で占められるに及んで、突然フランス人の優勢は危うくなる。そこで、一五四七年以後の修道院長は選挙で選出すると、フランス人が逆襲に転じた。一五三五年に彼らは、フランス人の候補者がいるかぎり、他の国籍の修道士を尚書院官職に選出することを禁じるユリウス三世の小勅書を手に入れてもいた。フランス国王アンリ二世が教皇に送った嘆願書には、ある公証人が署名をしたという公文書について言及がなされている。その公文書によれば、修道院はフランスの国籍を有する修道士たちによって運営され住まわれるべし、と聖フランチェスコ・ディ・パオラは命じているという。この文書は、フランス人の特権を認めるために作成されたものであり、国籍にとらわれないフランチェスコの性向と矛盾している。文書は先の嘆願書に添えられていたわけではなく、もっとのちになって発見されたものである。一五七八年に作成されたと思われるこの書類をドノフリオは注意深く吟味し、あまりに矛盾が多いので本物とはとうてい認められないと指摘している（Cesare D'Onofrio, *Scalinate di Roma*, ed.Staderini, 1974, p. 75 ss.)。ドノフリオはこの文書を、「フランス王によるピンチョの丘の要塞建設がローマ征服であるという印象を与えようとする高度に政治的な意図により、後世に作成された文書」と定義している。ともあれ、この文書と、シャルル八世の資金によって土地を購入したことを根拠として、フランス人修道士たちはフランス国王の宮廷の支持のもと、次々と増殖する細胞のように要求をふくらませ、のちの一八世紀に大階段が建設されることになる傾斜地まで要求している［図3］。ルイ一四世の治世においては、教皇たち、とりわけアレクサンデル七世はフランス宮廷の強制的な要求に屈せざるをえなかった。ドノフリオの言葉を借りれば、フランス大使クレキ公爵など、振る舞いは「ブレンノ以後、ローマの港に上陸した中でもっとも横柄な人物」と言うべきであった。

階段を飾る紋章、銘文、聖人の彫像といったそれ自体フランス的な装飾に対しても、フランス人は横柄な要求をした。エルピディオ・ベネデッティ修道院長の構想には、太陽王の騎馬像まで組み入れられていた［図4］。ベネデッティと言えば、寓意像やモットーをはじめ、祭礼や葬礼のための装置や凱旋門をいくつも制作したクロード＝フランソワ・メネストリエ神父のローマ版とも言える人物である。ルイ一四世が世を去り、階段がトリニタ・デイ・モンティ修道院の建築家であった若きフランチェスコ・デ・サンクティスの手に委ねられてのち、ようやくフランス人の法外な要求と教皇庁の面目との間に折り合いがついた。フランチェスコは、カプチン派の聖堂の階段からサンティ・ドメニコ・エ・シスト聖堂の階段（オラツィオ・トッリアーノの構想をもとにヴィンチェンツォ・デッラ・グレーカが建造）、ポルト・デ・リペッタの階段へといたるうちにすでに発展させていた構想を、ここで完成へと導いた。スペイン階段については多くが書かれている。ドノフリオは、一七八九年九月、すなわち完成からわずか三年後に、階段の壁の一部が崩れたことまで教えてくれており、この階段について厳密で詳細を極めた歴史記述を示している。先の事故はおそらく、誰よりも、ルイ一五世の代理人であり、建設を急いで進めさせた修道院長テンチンの責任に帰せられるだろう。

図3——一六八七年四月一二日トリニタ・デイ・モンティにあげられる花火《ルイ一四世の快癒を祝って》S・フェリーチェの素描による銅版画 パリ 国立図書館

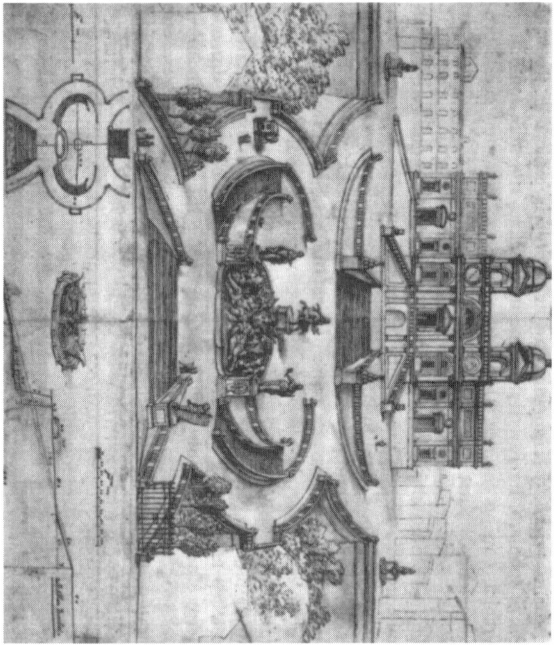

図4——ベルニーニの工房《トリニタ・デイ・モンティの入口》（一六六〇年の計画案）ヴァティカン 教皇庁図書館

図5——カンピドリオ広場とマルクス・アウレリウス帝の騎馬像

図6——ドメニコ・ギルランダイオ
《アウグストゥス帝とティブルのシビュラ》一四八五年頃
フィレンツェ　サンタ・トリニタ聖堂　サッセッティ礼拝堂

ドノフリオは、フランス人がピンチョの小丘の所有権に対していかに横暴であったかを当然ながら強調している。彼らは、自説を貫くためとあらば、偽書をつくることなどものともしなかった。聖フランチェスコ・ディ・パオラのありもしなかった意向を示し、またシャルル八世から、次いでローマの教皇庁でフランス大使を勤めたステーファノ・ダフィエから与えられた財政的な援助を誇示した。そしてローマの名門家系からの喜捨や遺贈がいかに大きな貢献をしたかなどについてはひとつも言及していない。しかしながら、一体、ローマの地で、品行方正なる記録や記念碑の歴史などありえようか。

教会の地上での権力に基盤を与えるコンスタンティヌス大帝のいわゆる献上からしてそうだ。先のシャルル八世の贈呈は奇妙にもこの献上という事例のくりかえしと思われる。コンスタンティヌス大帝の癩病を癒やした教皇シルヴェステル一世という、信仰に篤い人物の仲介によって奇蹟的な治癒がもたらされるという物語の共通項がある。たしかに聖フランチェスコの祈りはルイ一一世の場合には効果はなかったが、いずれにも献上と偽りの文書が登場する。

そして一五三八年にカンピドリオに移されたマルクス・アウレリウス帝の騎馬像も然り［図5］。それまで長くラテラーノ聖堂に保存されていたのは、これがコンスタンティヌス大帝の像であると信じられていたためであった。これももうひとつの虚偽である。そして、カンピドリオに置かれるにさいしてのこのケースはほとんど騙し討ちであった。ドノフリオが詳らかに語っているが、カンピドリオの頂を平和裡に所有しようと策略を弄し続けたいくつもの段階を経たのち、ついに教皇の権力は、トロイアの木馬よろしく、［騎馬像によって］この頂に、所有の刻印を捺したからである。かくして「馬のたくらみは門に入れり」、そしてさらに「そこより教皇の権力は広まれり」と付け加えられるだろう。サンタ・マリーア・ダラチェーリ聖堂がその上に建てられたというアウグストゥス帝とシビュラの伝説［図6］の中に、一体どれほどの真実があるのだろうか。カンピドリオの丘をめぐる歴史について、ドノフリオは別の著作『刷新されたローマ、カンピドリオからエウルにいたる都市形成史』(Cesare D'Onofrio, *Renovatio Romae,*

Storia urbanistica dal Campidoglio all'EUR, Roma, Edizioni Mediterranee, 1973）でも論じている。彼の推測では、アウグラクルムの小さな建物の上部に記された銘文の誤読──「FILIIDEI」が「FIDEI」になってしまった──によるらしい。ともあれ、根拠としてユダヤ人を祖先とするピエルレオーニ家のアナクレトゥス二世の特権までがもちだされ、カンピドリオは教会が所有するにいたった。インノケンティウス四世が「善き思い出に包まれたわれらが先覚」と定義してはばからなかったこの人物は、実は、はじめにインノケンティウス二世が教皇に選ばれたため、対立教皇の地位にあった。

聖なる階段に寄せられたこの信仰以上に、偽書が役立った信仰はほかにあったであろうか。ラテラーノ聖堂のあの階段に先立って、ローマにはもうひとつ、サン・ピエトロ大聖堂の近くのサンティ・ミケーレ・エ・マーニョ聖堂に、聖なる階段が存在していた。ラテラーノ聖堂の階段には、幸いにも、どのようにして伝説が生まれたかを完璧に示してくれる「謂われ」がある。おそらく階段を住居の一部としていたピラトの幽霊や、この階段の一一段目に倒れ血痕を残したキリスト、シエナの聖女カテリーナの先例に倣って主の高貴きわまる血の海に飛び入ろうとしたパッツィ家の聖女マリーア・マッダレーナなど、謎めいた人々の登場する言い伝えがある。また主キリストの包皮、最後の晩餐の食卓、奇跡によって増やされた魚の小骨のいくつか……なども含む聖遺物の収集品が登場する。これらの謎をドノフリオは明らかにしようとする。まず、この階段が「ピラト階段」と呼ばれたのは、この階段の上で定期的に裁きが行なわれたためである、という。なるほどピラトは裁判官の代名詞である。また一四五〇年の聖年(ジュビレオ)には、さまざまな伝説が綯い交ぜになり、ピラトの宮殿の階段のみならずブロンズ製の扉も、ローマに運んだのは聖ヘレナであるとされた。そして、ラテラーノ聖堂の司教座聖堂参事会修道院総会の聖職禄受領者ジョヴァンニ・マリーア・ソレジーニが書いた一六七二年の文書は、聖なる階段信仰のご利益に終油の秘蹟をほどこした。この階段を跪いて歩む者は、一段につき九年の贖宥が保証されるとしたのである。その根拠となったのは、誰もそれまで耳にしたこともない基礎資料だが、中でもパスカリス二世が一一〇〇年に発したとされた大勅書（実際には一六〇二年以後に作成された偽書)であった。偽書は、実は、ほとんどすべての人が作成しているのだ。フランス人だけではない。別に彼らを弁護するのではないが、こう言えば、彼らにも情状酌量の余地が与えられるだろう。そして、国王の治世よりも教皇の在位期間は通例はるかに短く、歴代の教皇の数は国王のそれよりも多いのだから(死の舞踏で「死」が最初に手を差しのべるのは教皇であり、そしてあらゆる教皇はベックリンが描く自画像のように、肩先に「死」を伴って表わされかねない)、どこよりもローマの地で多くの偽書が作成されたことは念頭に置かれるべきだ。しかしながら、人間の歴史はすべて積み肥え場のようなもので、そこから芸術の花が咲くのではないだろうか(多くの花がローマに咲いたが、それはローマ人の功績ではない)。そして、まことに稀ながら、善意の花もそこに咲くことがあったのではないだろうか。

(一九七五［伊藤博明＋上村清雄訳］)

ローマの広場

不可能なこともあるとは、誰も考えたくない。そうは言っても、ある広場の全貌をカメラのレンズに一度におさめることは、たいていの場合不可能なのだから（望遠レンズを使う場合は別だが、そうなるともはや映画の領域だ）、ジョルジョ・トルセッリの写真集『ローマの広場』（Giorgio Torselli, *Le piazze di Roma*, Roma, Fratelli Palombi Editori, 1967）が、引きがたっぷりとれて十分に広い景観を撮すことができるほんのわずかなケース――ヴェネツィア広場［図1］、サンティ・アポストリ広場［図2］、カンピテッリ広場［図3］など――を別にして、ローマの広場の実像をとらえていないと言って非難するのは、狭量というものだろう。昔の画家や彫刻家たちは、もっとも都合のよいアングルを選んだうえ、多少はデフォルメすることも許されたので、それができたのである。ベッロットやピラネージといった卓越した芸術家の例は挙げてもしかたあるまい。だが、一七九九年頃、アガピト・フランツェッティ銅版印刷所から出版された『都市ローマの古代及び現代の景観集成』（*Raccolta di Vedute sì antiche che moderne della città di Roma*）といった地味な銅版画集を見る方が、トルセッリの写真集よりも、ローマの広場のイメージがはるかにぴんとくる。サン・ピエトロ、カンピドリオ、クィリナーレといった大きな広場が、この小さななんの変哲もない版画集の中でそれらしく堂々としているのは言うまでもないが、もっともっと小さな、たとえばトルセッリは考えもしなかったサンタ・マリーア・デッラ・パーチェ広場のような「記憶から掠め盗ら」れたとしか言いようのない広場まで、版

図1──ヴェネツィア広場

図2——サンティ・アポストリ広場

図3——カンピテッリ広場

画集の読者の眼差しを楽しませてくれるのである。

「何も視野の中にとらえない絶望的な政党」に一票を投じてしまったトルセッリは、それぞれの広場の細かな特徴を示すにとどめた。広場を、パラッツォ前の広場、噴水のある広場、聖堂前の広場、カラー写真の広場といったカテゴリーに分類しているが、この、最後のカテゴリーはいかにも曖昧である。恣意的な分類だから、他の広場もすべてここに入れようと思えば入れられる。緒言において彼は、自らの弱点を認識し、「広場にある建築的な要素、空間構造を分析すれば、おそらく学問的な値打ちがより大きくなったことだろう」と正直に述べている。もしも、ゴードン・ロジーの『都市の景観』(Gordon Logie, *The Urban Scene*, London, Faber, 1954) の例に倣っていたら、まったく違う本ができあがっていたはずである。そうすれば、写真そのものは完璧に満足いくものとはならないにせよ、少なくとも解説はいくぶん説得力を持ちえたことだろう。解説を、彼は歴史的データの要覧的なものにとどめ、その配列に技術的・美的配慮を少しも加えていないのである。

ロジーは、広場のさまざまなタイプを検証し、その構造のうちに秘められた広場の魅力を発見した。たとえば、ナヴォーナ広場[図4]については、次のように述べている。「ナヴォーナは、イタリアのもっとも心地よい広場のひとつである。この広場が成功したのは、ひとつには、南北にのびる方角のため、またひとつには、周囲がほぼ完璧に隙間なくとりかこまれているためである。そのおかげで、広々とした、日当たりのよい、屋根のない広間にいるような気持になれる」。このように、閉鎖空間としての広場が保護者的な印象を与え、安心を求めるわれわれの生まれながらの願望を満たしていることについて、注釈を加えているのである。トルセッリも、そうしたことすべてを感じとっているのだろう。だが、それを明確に認識するにはいたっていないので、このような曖昧とした謳文まがいの言葉を洩らすにとどまる。「パラッツォが……さほど豪奢でもないその他の建物とともに、広場のゲームに影武者的な役割を果たす。広いわりには親密な、またとない形態をつくりあげている。フレームの中に空の移ろいを追う人間的な温かさのやさしい揺り籠」。

ロジーは、写真とともにその広場の図面を載せている。構造を描きだすことを完全に諦めたトルセッリは、「記憶と暗示の染みこんだイメージや印象、時にはおそらくいくらか抽象的で、人間がうちとけて参加しているために、事件や歴史や批評は背後に押しやられているといった、そんなイメージや印象を凝視する」にとどめる。さらにこの弁解めいた口上に、「大いなる愛、ローマに注ぐ愛情を表現したい気持」を結びつける。つまり、無防備で、「まやかしのオリジナリティを探究しよう」などという邪念を遠ざけていられればそれで十分ということなのだろうか。カプレッターリ広場［図5］は壁龕だけを収めている。バルベリーニ広場［図6］はトリトーネ通りへと向かう景観を示すのみである。あの有名な噴水にいっこうに存在感がなく、いたるところ陳腐な建物と広告の看板ばかりが目立つ。ジェズ広場の写真［三枚］では、パラッツォ・アルティエーリが少し、ジェズ聖堂のファサード［図7］が少し、それぞれ分離した姿を見せ（フランゼッティ刊の銅版画では、全体として描きだされた広場の景観が尊重されている）、ガラスの割れた球体を支える龍の形をした街灯の細部が写しだされている。サンティ・アポストリ広場［図2］の注記は、「活気があってときめきを伝えるのは聖堂である」（むしろパラッツォ・オデスカルキの方ではないだろうか）。スペイン広場［図8］とポポロ広場では目立たない側面をレンズにおさめ、どういう構造なのか解らせようとはしていない。ジョルジョ・トルセッリは所詮、フランソワ［コッラード］・カーリ［一九一〇―七六］にはなれなかったのだ。カーリは光と影の戯れを駆使して、ギリシア神殿を抽象画として描きだすこともできたが、トルセッリは、よく知られすぎた名所を避けようとするあまり、真に斬新で刺激的なイメージをつくりそこなってしまった。

否、むしろ、ポポロ広場の一枚の写真［図9］が、なるほどと頷けるような広場の写真を撮ることが今日なぜ不可能であるのか、その理由をわれわれに説明してくれているのかもしれない。その写真は、卵の入った籠のように見える。卵、すなわち駐車中の自動車である。序文の中で、エドアルド・ペッツートがいみじくも語っている。「夜が明けたばかりの時刻、魔法にかけられた静けさの中でのみ、ローマの広場は己の魔術的な美しさを見いだし、栄光の過去をふたたび生きる。車の波が押し返してきてどうしようもなく見苦しいものになるまえの、ほんの二、三時

図4——ナヴォーナ広場

参考図——ジョヴァンニ・P・パンニーニ
《ナヴォーナ広場》
ナント 美術館

図5——カプレッターリ広場

図6——バルベリーニ広場

図7──ジェズ広場

図8──スペイン広場

図9——ポポロ広場

間だけ」。この一文にも、私は諸手で賛成はできない。「夜が明けたばかりの時刻」というところを「フェッラゴスト［八月一五日前後の夏休み期間］の間のみ」と置き換えたい。それも、この期間であっても観光バスの群が完璧な喜びの邪魔をしないならば、という条件つきである。もしも観光客たちから、彼らの撮したパラッツォ・ファルネーゼの大広間（ガッレリーア）やパラッツォ・コロンナの大広間、そしてカンピドリオ宮のオラーツィとクリアーツィの広間、床が文字どおりダンボールで敷き詰められた写真を見せられたりしたら、どうすればよいのだろうか。不快さに顔をしかめずにいられるだろうか。だが、多少は習慣もあり、多少は打算もあって（四つの車輪に乗って移動するのはなんと便利なのだろうか）、誰もが諦めの境地にいたり、歴史が記憶する中でもまたとない見苦しい風景を耐え忍んでいる。

（一九六七［白崎容子訳］）

ローマのパラッツォ

イタリアの大学の美術史の試験では、絵画あるいは建築作品の写真の一部を見せて、その作者名や作品名を答えさせるのが通例である。社交界のゲームにも似たこのような試験なら、たとえば『美術百科事典』（*Enciclopedia universale dell'arte*）の第一三巻の「建物の構造、要素、類型」の項目に割かれた図版ページを開きながら、自分たちで試みることができる。この百科事典はさながら魅惑に満ちた迷路のようであり、版元の「文化協力研究所」は、この数年間われわれを迷路の中に彷徨（さまよ）わせて、ようやく核心に、そして解決に、すなわちアリアドネの糸となるであろう索引に到達しようとしている。図版説明の部分を手で覆い、目の前にさしだされたイメージがどこの城、どこの聖堂、どこのファサードか自問しよう。おぼろげながら見知っているイメージなのに、それでもすぐには名前を挙げることはできない。格別に音楽に素養がない聴取者であっても、ラジオ放送の開始に流れるメロディから曲の名前を言うことができるのに。キウージ、モンテプルチャーノ、ドレスデン、トゥールその他、イタリアや外国の都市に行ったことがあり、ほんの一時であっても、その建築物の前に立ち止まり、その窓を賞讃し、その円柱に身をもたせかけたにもかかわらず、今となっては目の前にあるイメージの正体が何なのか、まるで判じもののように苦しめられる。これらの場所を訪れたのは遙かはるか昔のこと、それもほんのわずかな時間だったのだから、と言い訳することもできるだろう。それならば、ローマのパラッツォを扱ったジョルジョ・トルセッリの著書の図版ページを試しに開いてみよう。そのうちいくつのパラッツォを、一目で判別できるだろうか。もちろんパラッツォ・ヴェネツィア［図1］、パラッツォ・クイリナーレ［図2］、パラッツォ・バルベリーニ［図3］、そしておそらくはパラッツォ・ファルネーゼの名前は挙がるだろう。しかし、最後のパラッツォ・ファルネーゼ［図4］については誰しも即座にわかるかどうか断言しかねる。なぜなら、大学で言語を学ぶ三年生の女子学生が、ボローニャ広場とパラッツォ・ファルネーゼの近所を一度も離れることなく育ったのに、このパラッツォを見た記憶すらなかったことを私は知っているからである。チェージ［図5］、カルペーニャ［図6］、マルタ騎士団のパラッツォ［図7］など、パラッツォの大部分は、たしかに百回、千回、そして数えきれないくらいその前を通っているのに、図版を見せられると茫然とするしかなく、それはあたかも、しばしばすれちがい、一度かあるいは数度か紹介までされた人物と出会ったのに、名前どころか、このまえどのようにして知りあったのかさえ思いだせないのと同様である。

われわれは迂闊なのだ。しかし加えて気を散らせるのは、現代生活をかき乱す一要因、すなわち交通である。トルセッリの著作（Giorgio Torselli, *Palazzi di Roma*, Milano, Ceschina, 1965）におさめられた写真の多くは、パラッツォをイメージの主人公としてではなく一群の自動車の背景として表わしている。すなわち、ヴィクトル・ユゴーが出版と大聖堂について考えながら述べたように、「このものがかのものを殺すだろう」(ceci tuera cela)というわけである。殻を身に着ける蝸牛のように、われわれが婚姻を結んだこの小さな動く家、自動車がわれわれの祖先の大きな家を殺している。建築物の周囲を自動車が占拠し、それに轢かれないようにと注意するあまりに、われわれの目を建築物に向ける余裕がないという意味においてだけではない。また、交通量の増加によって、道路はもはや遠近法的な眺望を奪いとられ、一本の排出管へと、最終的には閉塞するにいたる都市の痙攣する腸へと変容することになるという致命的な意味においてでもある。さらに悪いことに、交通量の多さがパラッツォの土台を揺るがし、剝落、亀裂、倒壊を助長する。これは決して誇張ではない。一例をあげれば十分であろう。

ヴィットリオ・エマヌエーレ大通りのテヴェレ川寄りに位置するオッタヴィオ・タッソーニ広場は、多くのロー

図1——パラッツォ・ヴェネツィア

図2——パラッツォ・クイリナーレ

図3——パラッツォ・バルベリーニ

図5——パラッツォ・チェージ

図4——パラッツォ・ファルネーゼ

図6――パラッツォ・カルペーニャ

図7――マルタ騎士団のパラッツォ

図8——バンコ・ディ・サント・スピリト通り（手前が入り口）

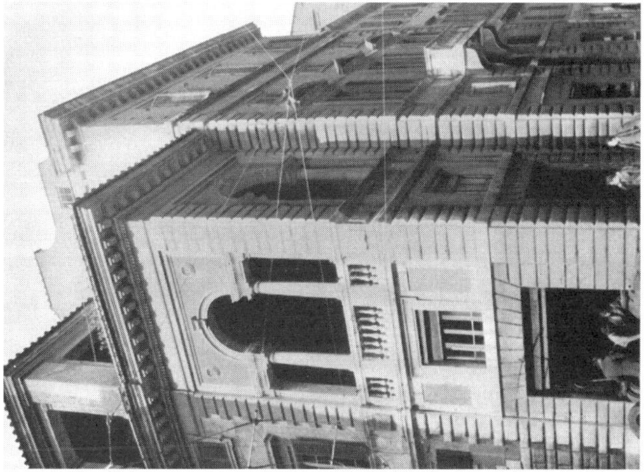

図9——パラッツォ・アミーチ

マ人にはバスの発着所としておなじみの場所である。この広場で、けっして本数は多い（フレクェンティッシモ）とは言えないものの、乗客であふれかえっている（フレクェンタティッシモ）交通機関をたえまなく待つ人々の中で、重宝がられている腕利きのタイヤ修理屋の上の白い回廊（ロジェッタ）に眼差しをあげて見る人が何人いるだろうか。バンコ・ディ・サント・スピリト通りの入口に位置するこの建築物［図8］の回廊が白いので、多くの人がこれを一九世紀の建築物（ヴィットリオ大通りは改修された建築物に満ちているのだから）と見誤るだろう。この建築が一六世紀のそれと類似していることなどほんの一瞬たりとも念頭に浮かばないであろう。しかしながら、バンコ・ディ・サント・スピリト通りを進むと、黒ずんだ、正真正銘の一六世紀の小パラッツォがあり、薄暗い玄関広場（アンドローネ）は、トルセッリの叙述に従えば「優美で、古代の彫像や壁龕で飾られた」中庭に通じているはずである。パラッツォ・アミーチ［図9］、かつてはパラッツォ・ニッコリーニと呼ばれたこのパラッツォの建築家はヤコポ・サンソヴィーノとされている（アドルフォ・ヴェントゥーリが言ったわけではないが）。一度この中庭に足を踏み入れてみるがよい。中庭は、倒れそうな壁を支えるために鉄の足場でくまなく保護されている。パラッツォの角、まさにロジェッタの真下をバスが頻繁に通るために安定が悪くなったと考えても真実から遠いこととは思われない。トルセッリの著書の一三八ページおよび一三九ページに図版が掲載されているパラッツォ・リッチも、かつて一階に穀物店があったときは、食料品を運んでくる大型トラックが動くたびに揺れ続け、その頃に亀裂がたくさん入ってしまった。

パラッツォ・リッチのファサードのかつての姿と現在のそれとの相違ほどに、ローマの多くのパラッツォがたどった衰退を雄弁に示す記録はないだろう。かつて一六世紀のローマでは、外壁に壁画が配されたパラッツォとしてはもっとも壮麗なものであった［図10］。このようなパラッツォがジュリア通りには数多く存在していたのである。その中のフィレンツェ領事のパラッツォの写真［図11］も掲載されているが、いったい何人がそれとわかるだろうか。著作の帯には、「建物の創建時の形状だけでなくのちの時代に加えられた変更をも記録した今までにはない系統的な著作」と記されている。しかしながら、宣伝文句のとおりでない場合が多く、フィレンツェ領事のパラッツォなどはまさにその一例である。著書の本領は、（たいがいは二次資料による）「新出の」資料を提示することよりも、むしろ一連の良質の写真（残念ながらカラー図版は白黒写真に比べて劣る）を並べ、簡潔なデータを写真に添えるところに発揮されている。データのいくつかの誤りは次の版で訂正できるだろう。たとえば、現在のパラッツォ・カルデッリをかつてのそれ、すなわちヤコポ・カルデッリによって造営された現パラッツォ・フィレンツェと混同しており、カルデッリ広場に面するパラッツォ・カルデッリとして、それとは異なった形状を示し、周囲を圧して厳と聳え立っている、フィレンツェ広場に面するパラッツォ・フィレンツェを掲載している［図12・13］。いくつかのパラッツォの記述には、平面図が添付されているが、それも多くはない。内部まで図版によって示されたパラッツォがあるかと思えば、内部への言及をまったく欠いているパラッツォ――新古典様式の内部を持つパラッツォ・アルティエーリ［図14］――もある。またある場合――パラッツォ・ファルネーゼの柱廊下玄関（アトリオ）――には、ローマのパラッツォを論じたルタルイイの古典的な著作に添えられたきわめて美しい銅版画［図15］を掲載しているものの、その複製は劣悪であり、出典さえ言及されていない。パラッツォ・デッラ・カンチェッレリーア［図16］については、「一八〇〇年四月ピウス七世は〈教皇庁尚書院（カンチェッレリーア・アポストリカ）〉の修復工事を開始したが、一八一四年のフランス軍の侵攻によって一旦工事は中断され、その後再開された」と記されているが、まったく混乱した情報であり、一八一〇年にナポレオン帝国の宮廷がカンチェッレリーアに置かれたことが述べられていない。それは今なお入口の上の銘文に読むことができる。一六五五年にスウェーデン女王クリスティーナを迎えたのはパラッツォ・コルシーニであると記述しているが、実はパラッツォ・リアーリオであり、このパラッツォが建っていた場所に、のちにパラッツォ・コルシーニ［図17］が建造されたのである。パッラヴィチーニ家の絵画コレクションは、筆者が考えているアウロラのカジーノではなく、同家のパラッツォに収蔵されている。ヴァティカンの諸教皇の間（サーラ・ディ・ポンテフィチ）のフレスコ画の作者はジョヴァンニ・ウーディネとピエリン・デル・ヴァーガであり、ピントリッキオではない。情報が完璧でなく、言及されるべき事柄に欠落があり、そしていくつか誤植（たとえば二一〇ページには、画家サリンベーニの名前がヴェントゥーラ

図10——パラッツォ・リッチ

図11——フィレンツェ領事のパラッツォ

図12——フィレンツェ広場から見たパラッツォ・フィレンツェ
図13——パラッツォ・フィレンツェのファサード

図14——パラッツォ・アルティエーリ

図15——パラッツォ・ファルネーゼのアトリオの銅版画

図16——パラッツォ・デッラ・カンチェッレリーア

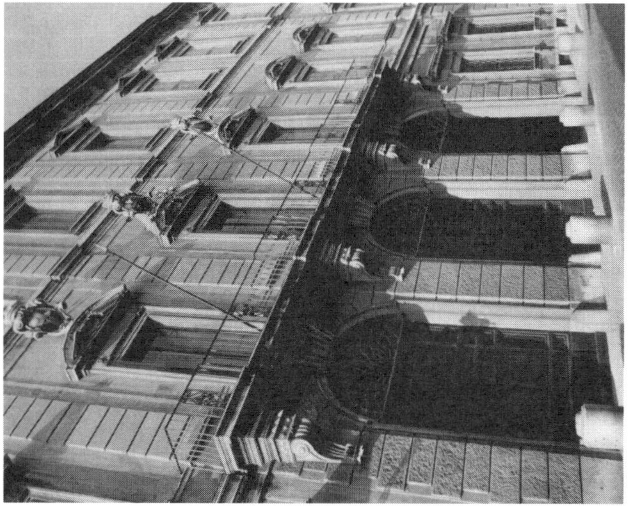

図17——パラッツォ・コルシーニ（ファサード）

［Ventura］ではなく、ヴェントゥア［Ventua］と記されている）もある。とはいえ、写真と図面を完備した本書はローマのパラッツォの豊かで魅惑に満ちた総覧であることに疑いはない。

（一九六五［伊藤博明訳］）

パラッツォ・スパーダ

ローマでもっとも豊かに装飾されたファサードを持つパラッツォは、やや歪んだ形状の広場に聳えている。その周りには、田舎っぽい簡素な聖堂、一本の痩せた樹木、打ち放しの長い側面の、湿った壁に心臓の形状をした紋章を埋めこんだ瀟洒な小パラッツォ、聖堂の向かい側には、一九世紀に建てられた邸館がある。統一をまったく欠いたこの一群の建築物を配下に従えるのが、凹凸の装飾をあしらった切り石積みで飾られた重厚な一階と、彫像、漆喰装飾、そして碑文で飾られた二階以上の部分を持つ、このパラッツォの豪華なファサードである［図1・2］。枢機卿の冠のモティーフを上部に戴く心臓の形をした紋章には、三本の百合と三本の刀(スパーダ)が表わされている。スパーダこそ、一六世紀の半ば、ジュリア通りの、「多数の娼婦やユダヤ人を含む、かなり卑しい、下層のいかがわしい人々」が住む二〇〇軒の家が並ぶもっとも評判の悪い場所に建てられたこのパラッツォの名称である。このパラッツォを建て、最初の住人となったカポディフェッロ家にしても、その出自は単なる農民なのであるが、当時のローマにおける農業の地位に鑑みると、同家は下層階級ではないとみなされるうる。実際、カポディフェッロ家の紋章にはかつて歩む牛の姿が組みこまれていたのであり、牛の仲買い、すなわち農業取引を生業としていたのである。牛は当時「すべての家畜の中でもっとも需要があり、財をもたらす、貴重な動物」とみなされていた。牛の売買が高貴さの証として通用する土地はローマのほかになく、この特権をめぐってカポディフェッロ家とボヴェスキ家は長きにわたって争った。パラッツォの周囲の小道にも、かつての村の暮らしを思わせる田舎風の名称が、すなわち、粉屋（ポルヴェローネ）小路、葬儀屋（アルカッチョ）小路、酒保（グロッテ）小路として残されている。つまるところは家畜小屋生まれの高貴さなのだが、しかし、モンテーニュが述べているように、世界最大の河川でもその源を探れば小さな湧き水でしかないのである。

このパラッツォの設立者は、ヴェラブロの聖ゲオルギウスの称号を持つ枢機卿ジロラモ・カポディフェッロであった。しかしジロラモは、パラッツォの完成後ほどなくして亡くなったため、彼が「王宮のように贅を尽くして」建てられたこの建築物を楽しんだ期間はほんのわずかであった。このパラッツォについてのリオネッロ・ネッピによる記述（Lionello Neppi, *Palazzo Spada*, Roma, Editalia, 1975）に見られるように、初期にこの建物に住んだ人物たちは、数奇な運命に見舞われたらしい。パラッツォは一五六九年にベルナルディーノ・カポディフェッロの甥ピエル・パオロ・ミニャネッリの所有となったが、同年に当人はヴェネツィア共和国側の一員としてクレタ島のカンディアで戦い命を失っている。次に住んだオーストリア王家の大使は、邸内に災いが生じたので、呪われたパラッツォではないかと疑い、一五九三年に別の住居を探すべくこのパラッツォをあとにした。大使に続いて一五九七年にここで借家住まいしたアゴスティーノ・クザーニ枢機卿も、当地ローマではなく、故郷ミラノの地のことではあったが、その数カ月後に息をひきとっている。

しかしながらパラッツォを徘徊していたのは本物の亡霊ではなく、壁や天井を埋め尽くす大勢の奇妙な人物像であり［図3・4］、これらの人物像は、いわばイメージによる寓意の尽きせぬ論考とも言うべきものを形成している。そしてそれに示唆を与えたのは、聖書と、もっとも純粋なトスカーナ・ルネサンスの人文主義者たちの成果に基づいた新プラトン主義的思索の精髄中の精髄にほかならない（とはいえ、作為的で奇妙な動作を演じるこれら筋骨たくましい男女の裸体像を見て、一体誰がそうと言えたであろうか）。

寓話や古代人たちの物語は、ある部分はキリスト教神学の予型とも象徴とも解釈され、また別の部分は錬金術の材料と操作を暗示していると解釈されてきた。すなわち、こちらには神性という完璧な光へと段階を追って到達する観念が描かれ、あちらには、賢者の黄金という最終的な結果にいたる経過が説明されている、というわけである。隠喩的想念の連合は、神学的推論にとっても擬似科学的推論にとっても必要な道具であった。

さらに、詩においてと同様、造形芸術においても、その時代の世俗の権力者たちを異教の神々やキリスト教の聖人に厚かましくもなぞらえるという、宮廷風のおもねりが加えられる。この時代の政治的なプロパガンダの常であるが、一人の教皇（チョッキ・デル・モンテ家出身のユリウス三世）と一人のフランス国王（アンリ二世）の姿がパラッツォ・カポディフェッロの壁画に誇示されたのは、まさにこのときに、二つの問題をめぐる教皇と国王の対立を修復しようとしていたからである。ひとつには、トレント公会議の再開と開催地の変更をめぐる問題があり、またひとつには、教皇庁の領土であったパルマ公国が、反逆者オッタヴィオ・ファルネーゼによって占領されたため、教皇はファルネーゼと戦役を開くことを余儀なくされていたのである（一五五一年六月）。ところで、ファルネーゼを支援したのはアンリ二世の軍隊であった。パラッツォ・カポディフェッロの礼拝堂には、ユリウス三世とアレッサンドロ・ファルネーゼ枢機卿が東方三博士のうちの隣りあう二人として描かれ、さらに「羊飼いの礼拝」を表わしたルネッタの中では、教皇が聖ヨセフの装いで姿を表わしている。一方「エジプトへの逃避」の場面で同じ装いをしているのは、先代の教皇であるファルネーゼ家のパウルス三世である。「天空の上の水」と海豚（いるか）という、知恵と救済の象徴が、フランスの河川を讃える機会さえ提供している。パウルス三世の私生児という噂のあったカポディフェッロ枢機卿は、かつてフランス王の宮廷で教皇大使を務めていた。カラファ家の教皇パウルス四世が即位し、枢機卿の異端の傾向に対して疑いの眼差しを向けていた厳格主義の党派が決定的な優位を占めるのにともない、彼の運命は傾くにいたる。公会議の最中に枢機卿は息を引きとり、結局メディチ家のピウス四世が教皇に選ばれた。彼はエルコレ・ゴンザーガを推挙していたフランスの高位聖職者の側についていたのである。

しかしながら、パラッツォ・カポディフェッロの絵画からは、枢機卿がルターやカルヴァンの改革への共感を育んでいたことをうかがわせる手掛かりをつかむことは一切できない。彼の宗教観は、儀式の単なる形式的外面性に

図1――パラッツォ・スパーダのファサード

図2――パラッツォ・スパーダのファサードの紋章

図4——パラッツォ・スパーダの内部

図3——パラッツォ・スパーダのギャラリー

対して、精神的な価値の強さを回復させようと望み、それゆえに異端の嫌疑をかけられた、ナポリ、ヴェネツィア、ヴィテルボの文化人サークルに依拠した革新者たちの運動に通じる、内省的でありながら同時に行動力をともなうものであった。この宗教観は、フィチーノの新プラトン主義のいくつかの特徴的なテーマに端を発する、当時としてははなはだ多義的な概念であった。というのも、彼の追随者が、敬虔なカトリック信者にも、宗教改革者にも、そして異端と宣告された人々の中にも存在したからである。この多義性の犠牲になったのは、異端裁判所で肖像を焼かれ、一五五三年にジュネーヴでカルヴァンの命令によって火刑に処せられたミシェル・セルヴェである。枢機卿ジロラモは若い頃に、ヤコポ・サドレードを中心とする文学者や人文主義的な神学者のサークルに足しげく通った。そしてサドレードが彼を、教皇パウルス三世の下で枢機卿に推挙したのである。

パラッツォ・カポディフェッロの過剰なまでの装飾を促したのはまさにこの人文主義的な思索であった。装飾を委ねられたのは漆喰細工の装飾家（ストゥッカトーレ）として高名な、そして画家としては辟易とさせられるジュリオ・マッツォーニやジロラモ・シチョランテ、そして幾人かのマニエリスムの画家たちであった。これらの画家たちにある点で発想を与えたのは——文化の奇妙な逆輸入と言えようが——フォンテーヌブロー宮の装飾である。すなわちフォンテーヌブローで珍重され痩せ衰えたイタリアの手法（マニエラ）は、このローマのパラッツォで、いささか粗野で田舎風の性格を加味されながら、フェデリコ・ゼーリの言うある種の「巨大化するキュビスム」の退屈きわまる均一化によってふたたび増殖を遂げている。つまりフランスではバレエとなった手法が、逆流してここローマでは田舎の軽業師の見世物となったのだ。たしかに、枢機卿ジロラモは芸術家の選択においては恵まれなかったし、パラッツォ自体にしても、数世紀にわたり、手直しを施し、改築し、階段を調え、部屋を増築し、当初から建物に見られた欠点を改めようと最善を尽くそうとする（尽くしたところで大したかいもなかったが）建築家たちにとりわけ恵まれていたわけでもない（例外はボッロミーニであろうが彼は副次的な役割を果たしただけである）。

パラッツォのプラトン的神学による図像体系については、リオネッロ・ネッピが人文主義者たちの著作やシャルル・ド・ブイエ［ボヴィルス］の『賢者の書』（*Liber Sapientiae*）、そしてチェーザレ・リーパまで参照して詳細に説明している［Lionello Neppi, *Palazzo Spada*, Roma, Editalia, 1975］。たしかにリーパの『イコノロジーア』（*Iconologia*）の刊行はこのパラッツォの装飾よりあととはいえ、すでにエルナ・マンドウスキーが明らかにしているように（Erna Mandowsky, *Ricerche intorno all'Iconologia di Cesare Ripa*, Firenze, Olschki, 1959）、リーパは実はそこに描かれていた寓意的なモティーフを文字化したのである。フレスコ壁画の最初の連続画面に発想を与えたのは、愛、美徳、術策の概念であり、アレクサンドロス大王の間でその頂点を迎える［図5］。アイネイアスは、美徳のために捨てられた愛というテーマを、カリストは聖なる愛によって霊的に変容した魂の救済を表わしている（しかしながら、カリストの熊への変身は、崇高な概念と敵対すると思われたのであろうか、不釣合いなグロテスク模様の中に暗示されるだけである）。美徳の形成を表わす連続画面では、アンドロメダを救うペルセウスが、「性」への隷属から魂を解き放つ美徳を象徴している（ここでも「性」への暗示はグロテスク模様の中に紛れこんでいる。というのも怪物から解放されたアンドロメダにペルセウスが教えるのはまさに「性」であるからだ）。結ばれるメネラオスとエイドテアは、おそらく、ペルセウスが表わす「賢慮」、そしてアキレウスが表現する「勇気」（この英雄は栄光と死という自らの宿命に出会うべく花嫁デイダメイアを棄てる）ののちに成就される三番目の美徳、すなわちプラトン的な「叡智」による人間的な愛の変容の「あからさまな」隠喩ではないだろうか。これらすべての神話の寓意的な解釈の中で、「聖なる愛」に征服される「魂」を意味する、アモールとプシュケの物語の解釈は、もっとも有名なものであり、古典古代からウォルター・ペイター、そしてコヴェントリー・パトモアにいたるまで、神秘学（「魂の暗き夜」）、エンブレム学、文学、そして諸芸術の分野で大いにもてはやされている。

パラッツォの外壁を飾る古代ローマの偉人たちの彫像は、室内に描かれた市民的美徳を表わす人物像が壁を貫いて外の空間に現われたとみなすこともできるだろう。このパラッツォの壁面では、象徴的な意味を与えられていない事物はほとんどない。たとえば、ネプトゥヌスの三叉の鉾は、流れる、豊かで、渇きを癒やす水の特質のエンブ

図5——パラッツォ・スパーダの天井画［前ページ］

図6——パラッツォ・スパーダ《列柱廊》（設計ボッロミーニ）

図7——パラッツォ・スパーダ《日時計》（E・メニャン『時の遠近法』所収）

レムである。この象徴表現は、現在の慣行に照らしてみると、宣伝臭が鼻につく。結局、つきつめて分析すると、実体のある人物像のこの寄せ集めは、聖なる愛が燃える炎でわれわれの魂を包みこんで、物質的な醜悪さをすべて燃やし尽くすという、すなわち身体から完全に切り離されて、神的美と永遠の甘美な絆で結ばれるという概念を図解化しているとは言えないだろうか。

一六三二年にパラッツォを枢機卿ベルナルディーノ・スパーダが購入した。この人物の（彼を死に追いやった大食と並ぶ、彼の性癖であった）視覚的なものへの妄想狂的な関心に、このパラッツォ最大の見どころは負っている。すなわちそれは、ボッロミーニの手になる、見る者の目を眩惑させる遠近法（当初は柱廊を突き抜けた中庭の壁面には、その前に実際の植物を配した庭園の絵が描かれていたが、のちに変更されて彫像が境界石と置き換わった［図6］）と日時計［図7］である。一六五三年末に完成したこの遠近法の仕掛けは、まさにバロックの「幻惑」の概念の典型的な図解であり、あるいは人間の知性を楽しませようとする策略である。それは、聖アウグスティヌス修道会士ジョヴァンニ・マリーア・ダ・ビトント師が考案し、ボッロミーニが建築上の専門的な助言を与え、実際の現場での建築の指導をフランチェスコ・リーギが行なっている。日時計の作者は聖フランチェスコ・ディ・パオラが創設したミニモ托鉢修道会士エマニュエル・メニャン師である。ジャン＝フランソワ・ニスロン著の『光学魔術』（*Thaumaturgus opticus*, Paria, 1646）中にはじめて引用されているこの日時計は、時刻を、伝統的な日時計に見られるように、グノーモン日時計の針の影ではなく、小型の鏡が反射する光の点で示しているのが特徴である（今日この小鏡は失われている）。それゆえ夜であっても、月の反射光と、通廊（ガッレリーア）の壁に掛けられた専用の時間換算表で計算することによって、時刻を知ることができたのである。遠近法であれ日時計であれ、どのつまりは、科学を驚異（メラヴィリア）のために奉仕させる、たえずバロック的な機知を目指す、創意に満ちた考案物であった。ニスロンの書物のタイトル自体、すなわち『光学魔術』というタイトルが示唆的であり、ましてやそのフランス語版の原タイトルはなおさらである。その原題とは、『奇妙な遠近法と光学の驚異の効果による人工魔術』（*Perspective curiense et magie artificiele des effets merveilleux de l'optique*）

であった。

（一九七六［伊藤博明］）

パラッツォ・ブラスキ

「美男教皇」と呼ばれたピウス六世は、自らの周りを豪奢に飾りたてようとし、舞台効果あふれる正面の大階段がビビエーナ一族の大胆きわまりない創意を記憶に留めるパラッツォを建てさせたが、その生涯を終えたのは亡命先のみすぼらしい一室であった。彼は、お洒落な教皇で、白髪を自慢し、衣をたくしあげては脚の美しさを見せびらかしていた（パスクィーノ像［の落首］ならば「放恣な髪、放恣な脚」と言うだろう）が、ナポレオンの尊大な振る舞いを前にしては、殉教者、聖人のように落ち着いて泰然とした態度をとった。無能で変わり者であった甥（彼の秘書官を務めたヴィンチェンツォ・モンティも同様であったが）の利益に心を砕くあまり、大衆の福祉を気遣うことが少なかったがゆえに、パスクィーノ像［図1］の首にかけられた丸パンには「ピウス六世の寛大さ」（Munificentia Pii Sexti）の落首が記された。丸パンはひとたび口に入れば残らないが、パラッツォ・ブラスキはローマの大パラッツォの中で、創建時の部分を残す最後の建物［図2］として今もそのまま残っている（現在アメリカ大使館となっている。マルゲリータ王女がかつて住んだ美しいパラッツォは往時の姿を認めるのが困難である）。アンサルディが述べたように、一六世紀の先例に発想を得た、後期バロックから新古典主義の移行期を示すこの建物は、いくばくかの独創性を具えており、それはヴァンヴィテッリを主たる代表者とする傾向である。この建築物の玄関前入口（ヴェスティボロ）と中庭［図3］はヴァンヴィテッリの建造したカゼルタの王宮を思わせる。一方、正面大階段［図4］は「フーガ風の『鼇（ごう）』のように、いささか無味乾燥な往復運動をしながら」展開している。おそらくバロックのものとしては最後と思われるこの大階段の、ホメロスに想を得た、英雄を表わす装飾は、モンティの意匠ではないかと想像させる［図5］。彼自身、後期バロック様式——ドイツのいわゆる「弁髪（ツォップ）様式」——の詩人であった。壮麗な正面大階段の美術館的な装飾は、同じ壮麗さをもつ周囲との調和を欠いている。というのも、創建当初からフランス軍によって略奪され、最近では先の大戦の時期に避難民によって手が加えられたからである。現在のパラッツォは、大概の美術館の内部に似て、単調で素っ気ない空間の連続と見える。忘れてはならないのは、一時期このパラッツォに総理府と内務省が置かれていた（一八七〇年から一九二〇年まで）ことである。そのときは、緑色のプラッシュ地で覆われたウンベルト様式の雑多な家具調度が置かれ、それらが本棚の黒色、そして書籍の装丁の黒色とあいまって、陰鬱な役所仕事の暗澹たる雰囲気を醸していたはずである。この陰鬱さと、正面大階段に被災者が野営した名残りのいくばくかは、今でも建物の片隅に漂っているかに思える。窓はナヴォーナ広場の方を向いていながら、パラッツォのファサードの多くが、暗い路地に面しており（サン・パンタレーオ通りに立つのが主ファサードであることに留意されたい）、結局美しいパラッツォではあるが、心楽しくさせるパラッツォではない。このパラッツォの前にローマの彫像でもっとも愉快な、パスクイーノの「おしゃべりなトルソ」があるのは皮肉なことである。パラッツォをいったん出れば、この創意に溢れた小さな水飲み場に立つ彫像を堪能することができる。パスクイーノの首にかけられた落首については、マリオ・デッラルコが『パラッツォ・ブラスキとその周辺』(Carlo Pietrangeli e Armando Ravaglioli (a cura di), *Palazzo Braschi e il suo ambiente*, Edizioni di Capitolium, 1967)の愉快な章で一例を挙げている。パンが欠乏しているさなか、時の教皇インノケンティウス一〇世がチェチリア・メテッラの墓からナヴォーナ広場へとオベリスクを移送させた時期に書かれたこのような落首をひとつ引けば十分であろう。「オベリスクも噴水もいらない、パンが欲しい、パンが、パンが、パンが」。

『パラッツォ・ブラスキとその周辺』のもっとも優れた点はパラッツォ・ブラスキの建物のみにとどまらず、パラッツォが立つその周辺地域にまで視野を広げ、建築を、隣接する建物や街路の広がりを背景に考察するという、現

図1——パラッツォ・ブラスキ〈パスクィーノ像〉

図2——パラッツォ・ブラスキ
パスクィーノ広場から見た
C・サンティによる銅版画

図3——パラッツォ・ブラスキ　中庭

図4——パラッツォ・ブラスキ　大階段室

図5——パラッツォ・ブラスキ　大階段室の英雄像

代的な都市学の概念に従って記述している点である。現在のパラッツォ・ブラスキは、バンキ・ヌォーヴィ通り、イル・ゴヴェルノ・ヴェッキオ通り、パスクィーノ広場、サン・パンタレーオ通り、デイ・マッシミ通り、デイ・チェザリーニ通り、デリ・アルティエリ広場と経て、ついにはサン・ジョヴァンニ・イン・ラテラーノ聖堂にいたるかつての「教皇街道」に面して建てられた。またこの道に面して建造されたサン・パンタレーオ聖堂の正面ファサードは、ウィットカウアーがみごとに論証したように、レオン・バッティスタ・アルベルティに始まり、ペルッツィによって発展させられ、パッラーディオによって規準化された、ルネサンスのファサードのひとつのタイプが進化した最終段階を示している。他のパラッツォに囲まれて、新参者のパラッツォ・ブラスキは、パラッツォ・オルシーニがかつてあった場所に建てられた。このナヴォーナ広場に正面を向け、サンガッロ様式の塔を備えたパラッツォ・オルシーニの消失は嘆くに値する。本書への寄稿者たちは周囲のパラッツォについて詳細に記述している。すなわち、パラッツォ・ドリア＝パンフィーリ、パラッツォ・マッシモ、通称パラッツォ・ファルネジーナ・デイ・バウッラーリ。ただし、このパラッツォに見られる百合の紋章はファルネーゼ家のそれではなく、フランスの百合である（この小さなパラッツォはフランス人の高位聖職者トマ・ル・ロワによって建造され、フランス国王フランソワ一世は自らの百合の紋章によって建物のフリーズを飾ることを彼に許した）。さらには、ナヴォーナ広場に面したパラッツォ・ランチェッロッティ［図6］。現在までのところパラッツォ・ランチェッロッティを解説した出版物は刊行されていないが、一八世紀の壮麗な増築部分に配された一組の窓は、ローマはおろか、世界にも類を見ないものである。ひとつの窓はナヴォーナ広場に面し、また別の窓からは、さらに貴重なことに、サンティーヴォ聖堂の尖塔［図7］を見ることができる。窓から覗く巻貝を想わせる尖塔の姿は完璧なので、尖塔をひとつの画面におさめる額縁の役割を果たす窓の周囲の壁にエキゾティックな貝をあしらった花綱装飾をほどこして、この部屋を貝の陳列室に変えたいと願わずにはいられない。

この付近がパラッツォばかりで構成されていたわけではない。周囲に犇（ひし）めくのは、中世やあるいはローマ時代にまでさかのぼる、きわめて古い遺構を基盤に建てられた、うらぶれたあばら屋であった。今日でも古い遺構はパラッツォ・カンチェッレリーア（尚書院宮）の裏手の、ペッレグリーニ通りに見ることができる。腐ったチーズのように、古びて異臭を放つこの雑居集落には今日の「快適さ」（comfort）の概念とは無縁の人々であふれていた。これがクラフやホーソーンの顔を顰めさせたあの小ローマである。この集落の大半がヴィットリオ・エマヌエーレ大通りをつくるために破壊されたのは驚くにあたらない。この地域の人口は一〇〇年間で半数に減少し、今世紀になると、近代的な生活を求める家族たちがこの地を離れている。この悪臭に満ちたマグマの中に当初は隠されていた多くのモニュメントの価値が、ヴィットリオ・エマヌエーレ大通りの開通のおかげで、顕わになったのだから嘆くこともない。『パラッツォ・ブラスキとその周辺』の二六九ページに掲載されている写真を眺めるだけで、この幹線道路の完成によって本質的なものは何も失われていないことに納得がいくだろう。この大通りは全体を見れば美しいものではない（一六世紀のそれを模したウンベルト様式による大パラッツォが目に騒がしい）が、独自の風情をもっている。損害をもっとも多くこうむったモニュメントはパラッツォ・ファルネジーナ・デイ・バウッラーリ（別名パラッツォ・デッラ・ピッコラ・ファルネジーナ）である。このパラッツォは、中庭の精妙な形状を見せるために、背面のファサードの建設が中断され、そしてそのファサードが面していた庭園が破壊されたため、すでに建築上の意味を失っていた。これは教皇パウルス三世の時代に起こった。ヴィットリオ・エマヌエーレ大通りの工事にともなって、背後にあったデイ・トマロッツィの古い家屋が解体され、パラッツォ・ファルネジーナ・デイ・バウッラーリは新しくできた大通りにファサードのない姿を曝すことになった［図8］。ファサードの建造のために公開審査で選ばれた建築家エンリーコ・グイは、アクィラ小路に面する正面ファサードと同じように窓の配列をくりかえし、ファサードの角に、中庭のモティーフをくりかえすことによって美しくできると考えた。おそらくバンコ・ディ・サント・スピリト通りの中程に位置するパラッツォ・アミーチのサンソヴィーノ風の小開廊（ロジェッタ）も念頭に置いていたのであろう。その結果はありきたりのモニュメント的なものになり、ジェジェ・プリーモリがパラッツォ・オルシーニを改築して

図7——サンティーヴォ聖堂の尖塔

図6（左上）——パラッツォ・ランチェッロッティ
図8（左下）——パラッツォ・ファルネジーナ・デイ・バウッラーリ

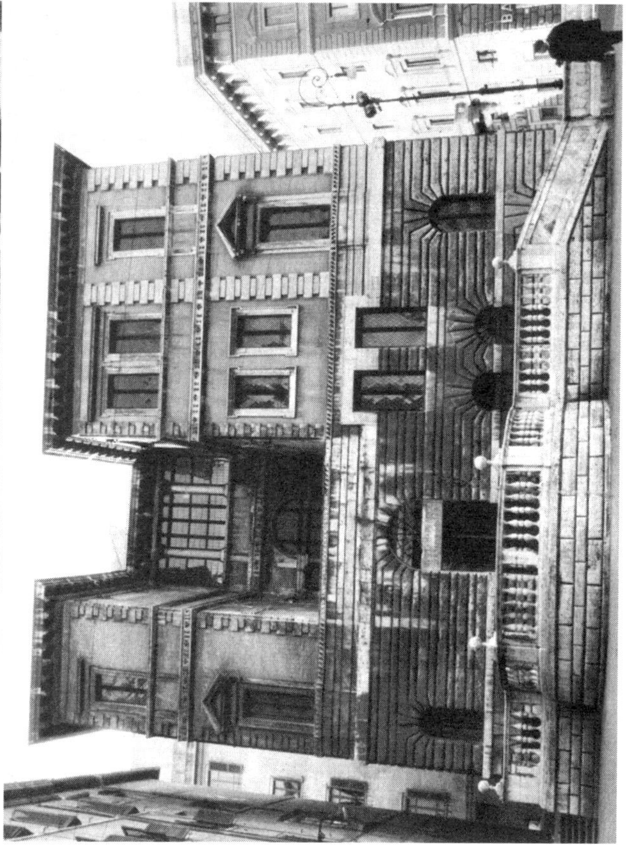

ノーナの塔に及ぼした結果と同じく、説得力に欠けている。この地区の生活に関して、遠い過去について(ヌオーヴァ聖堂の周囲は一五世紀から一七世紀にかけて、マラーノと呼ばれたスペイン系ユダヤ人の売春婦の巣窟であったために悪評が立っていた)、また近い過去についての数章と、まさにローマの心臓部であるこの地区の現在の整備に関する、アルマンド・ラヴァリオーリによる賢明な提案は、卓越したこの研究書を締めくくるのにあらゆる点でふさわしいものである。

(一九六七[伊藤博明+上村清雄訳])

ヴィッラとカステッロ

一九六八年の最後の数カ月間、ローマで同時に開催された二つの展覧会、つまり「イタリア・ノストラ」主催の「ローマとラツィオのヴィッラ」展とドイツ図書館主催の「ドイツの歴史的遺産とその修復」展は、ある観点から見れば、崩壊しつつある、あるいは破壊され尽くした遺産をほぼ完璧に復元しようとするドイツ人の細心の配慮と、芸術的遺産に対するわれわれの驚くべき無頓着を描きだすためにこそ実施されたように思われる。復元された遺産は複製ほどの信憑性を有せず、その価値は芸術的というよりも情感的なものであって、時と人間による破壊は宿命的で不可避なのである、と意義を申し立てるのも正当なことであろう。しかし、過去の芸術作品の時宜を得た慎重な保存が市民たる者の義務であることに変わりはない。「イタリア・ノストラ」が主催した展覧会の記録は、徹底した告発文書である。「建築的価値の消滅、あるいは決定的な変容」と図録の序文で、イーザ・ベッリ・バルサリは述べている。「創造的庭園の回復不能な放置、歴史上の市民的堆積の結果であった環境の破壊、これはヴィッラ(別荘・別邸)の消失を、不当きわまりない無知ゆえの冒瀆を意味している。他方、ローマという都市にとっては、ヴィッラにまつわる問題意識の欠落と、ほぼ一世紀にわたる対処の意志の欠如はまた別のことを意味している。つまり、自動車の増大、気ままな接近と移転による荒涼とした建築群、非有機的で不調和な区域、樹木で覆われた休息地帯や公園の回復不能な消失、解決しえない交通渋滞、である」。こうした悲嘆は、現在では常套句となっている。オセローはもはやデズデモナを殺してしまった。今になって、この野蛮人が美しい死者の蒼白さを面前にして絶望してもなんの役にもたたない。まだかろうじて「永遠の」という添え名にふさわしいこの都市が扼殺され、セメントで窒息しているのは、既成の事実なのだ。前世紀の終わりに解き放たれ、今なお抑止されていない都市の氾濫——一九六八年にも、ヴィッラ・スパーダはフェデーネ新地区の家屋の下に完全に消え去った——で破壊されてしまえば、われわれはもはやヴィッラを見ることはできないだろう。しかしラツィオ地方のヴィッラとカステッロ（城塞・城館）に関してはまだ何かなしうるかもしれず、「イタリア・ノストラ」の提案が支持者を得ることを願うだけである。

ところで、専門家ではない一般大衆の間に、ラツィオ地方の芸術的価値を有する城塞とヴィッラという資産［図1・2・3］の存在を知らしめるために、ジョルジョ・トルセッリの図版も豊富な著作『ラツィオのカステッロとヴィッラ』（Giorgio Torselli, *Castelli e ville del Lazio*, Roma, Fratelli Palombi Editori, 1968）の刊行は有益にちがいない。しかしながら、まず最初に、帯とカバーの出版用の宣伝文句に見られる約束、つまり「こうした書物に対しては、教養ある人々だけではなく専門家や研究者も大きな関心を抱くことが容易に予測しうる」が、遺憾ながらこの著作では果たされていないことを指摘しなければならない。残念なことであるが、この書物に関してもまた——トルセッリの『ローマの広場』（Giorgio Torselli, *Le Piazze di Roma,* Roma, Fratelli Palombi Editori, 1957）という別の著作についての私見を見られたい［本書七五ページ］——同様に、トルセッリの熱狂には、本書の紹介者がおこなっている「楽しいパノラマ」という定義以上の、書物を編纂するために不可欠な正確さと方法という資質がともなっていないのだ。たしかに、ここにおさめられているラツィオ地方のカステッロとヴィッラの写真集は、宣伝文句が記しているように先例のないものである。これらの建築物が本書において「豊かな知識によって分析され記録されている」かどうかと言えば、簡単な叙述にうかがえる、雑駁、貧相、不正確という特徴によってその点は裏切られている。フラスカーティのヴィッラ・モンドラゴーネ［図4］について、「イタリア・ノストラ」の展覧会図録に記された、これも簡単なものである叙述とトルセッリのそれを比較対照するだけで、分をわきまえている人物と思いつきで事を為すお調子者との間の差異を見てとることができる。たとえば、トルセッリはグレゴリウス暦の改革を、一五八二年二月二四日にこのヴィッラで「改革案に署名した」クレメンス一三世によるものとしている。これだけでもう十分だ。もちろんユリウス暦を改変する勅書（グレゴリウス改革）を発布したのは、グレゴリウス自身をおいてほかにはありえない。だがトルセッリも原稿の校閲者も、この記録が依拠したあまり信用のおけない証言の誤謬に気づかなかった。トルセッリの記述の調子は常に漠然としている。カステル・ガンドルフォの教皇のヴィッラは、ドミティアヌス帝のヴィッラの廃墟に建造されたとされ、イタリア風の庭園が「すばらしい」などという言葉で語られている。しかし、この庭園がヴィッラ・チーボ［図5］に属していたことは示唆されていないし、また、現存するローマのヴィッラのもっとも重要な遺構のひとつである、地下の格天井をもつ高い柱廊についても言及されていない。カステッロに比べればヴィッラの記録は遺漏が少ないが、しかしサン・ヴィート・ロマーノ・エ・チチリアーノなどのヴィッラを本書に探しても徒労に終わるだろうし、記述は概して通り一辺である（たとえばコッラート・サビーノのカステッロ・モントフォルトの記述を見よ）。写真も常に良好であるとは言えないし（五二番のゴルガのカステッロ・ドリア＝パンフィーリと五七番のグロッタフェッラータのドメニキーノ作のフレスコ画を見よ）、また必ずしも適切とは言えない。いかなる目的があって、モンテ・サン・ジョヴァンニ・カンパーノのカステッロ・デイ・ダクイーノに関して、スペイン礼拝堂［フィレンツェのサンタ・マリア・ノヴェッラ聖堂内］の聖トマス［トンマーゾ・ダクイーノ］の肖像が、またカステッロ・デイ・オスティアに関して、ユリウス二世のラファエッロによる肖像画が——それも典拠を示さずに——掲載されているのだろうか。たしかに当該の人物たちはそれらの場所と関係があるが、これらの肖像は周知のものである。ローマについて書かれるものなら、すべてよく売れると思っているらしい。この理由がなければ、本書は、いわゆる野心的だが早書きのため、「廉価本屋」（Remainders）という紙の象の墓場に入る運命を免れることはなかったであろう（一九六八）。

図1——ヴィッラ・アルドブランディーニ
ジャコモ・デッラ・ポルタ設計（一五九八年）
ラツィオ地方フラスカーティ

図2——同、庭園から見たヴィッラ

図3——カステッロ・ディ・ロッカ・シニバルダ（リエーティ）
枢機卿アレッサンドロ・チェザリーニのために
建築家バルダッサーレ・ペルッツィが建設（一五三〇年頃）

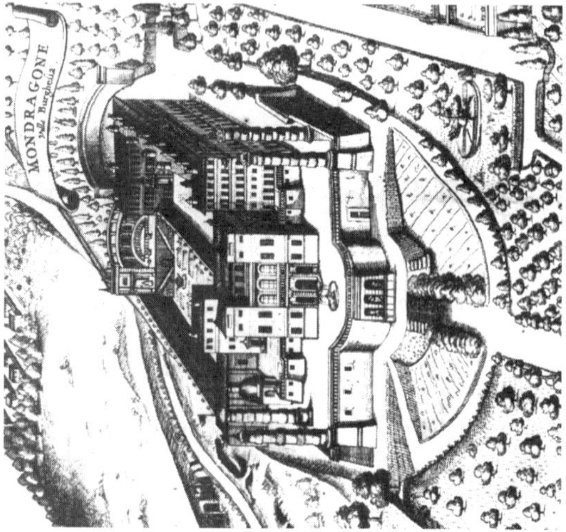

図4——ヴィッラ・モンドラゴーネ

図5——ヴィッラ・チーボのファサード（上）と庭園（下）

ロートレアモンの有名な文句（「解剖台の上でのミシンとコウモリ傘の偶然の出会い」）を模して、ローマが現在、一般的に提示しているイメージは、バロック的小卓の上でのミシンとテレビ受像機の出会いであると言いうるだろう。ただし、ここでは裁縫の機械［ミシン］ではなく、現代において機械の代名詞となっているもの、つまり自動車が問題なのであり、この奇怪な出会いがローマの住民を驚かせることはもはやなくなった。「驚異こそが詩人の目的である」として、驚きの効果に夢中だった一七世紀主義者「マリーノ」にはこれが好まれるかどうか疑問だが、シュルレアリストたちには、レンジとして用いられる受話器や撓んだチェロや時計に似ているのでたしかに好まれるだろう。ともかく、ローマの住人たちが奇妙な出会いに驚くことはもはやない。過剰な交通量のために、もはやバロックの建造物は人々の目に入らないから、ということもある。ローマの香の抗しがたい魅力について語っていたヴィヨが、特別な嗅覚器官を持っていたかどうか私は知らない。しかし私は、個人的な経験から、一九二〇年代においても古きローマはまだ、シロッコが吹き荒れる日にはカチョッタチーズの臭いをさせていたと確言できる。現在では、英語で適切にも「消耗した」と呼ばれる、ガソリンから排出されるガスの臭いがたちこめている。ローマに住むわれわれはすべて、われわれを貪り喰らうために発明されたロボットたち（フランケンシュタインの兄弟ロボット）、すなわち親愛なる、なくてはならない機械／自動車によって「消耗」させられている。

カチョッタチーズの臭いとガソリンの臭い。双方の臭いを対照させて書物の中で語ることはできないが、一世紀前と現代のローマの諸様相を対比させることならできる。アルマンド・ラヴァリオーリが古の写真の助けを借りながら、『ローマ、一八七〇〜一九七〇——イメージの対照』（Armando Ravaglioli, *Roma 1870-1970, immagini a confronto*, Milano, Periodici Scientifici, 1970）でそれをおこなった。「消え失せたローマについての哀歌を果てしなく詠うのが目的ではない」とラヴァリオーリは述べている。序文を著わしたデ・マッテイは、ピア門を開いたことをきっかけに始まった都市改革から生じた利得と損失について議論を進めようとしている。この門と、その開門については、敬虔な門ではなく、不敬な門と言うべきだろう。キリスト教の首都から神聖さを剥奪したからではなく、治療のために有能で繊細な手腕を必要とした都市を結果として再起不能にしてしまったがゆえである。ローマが置かれていた解剖台は外科医に委ねられた。彼らは盲滅法に切り刻み、ローマから、とりわけ「一九世紀のローマに際立っていた、田園の光景があふれた都市の特徴」を奪い去ったのである。

たしかにローマはマラリアから、「熱病をもたらす湿地の、奇怪で残酷な、しかしピクチャレスクな魅力」から解放された。ラヴァリオーリはそれを「ピクチャレスク」という流行遅れの言葉を用いながら、かなり耽美派的な口調で語っている。たしかに遺跡は、はるか昔から敷石をこじあけてきた雑草から解放された（だがコロッセオの草花が消失したのは嘆かわしい）。しかし、古代のモニュメントの周りから世俗の生活の証であった収得物が掘り返され、そのモニュメントはしばしば、ひからびた骨片へと化した、つまり、神経をとられ、黄金をはめこまれた、もはや歯茎を持たない歯へと無惨にも変容させられたのだ。利得と損失——利得は片手で数えあげられるほどだ。写真を対照させてみると、たしかに首都ローマの作業は、この都市から衰退の幾世紀に付着した、ラツィオ州南部のチョチャリーア地方特有の黴を駆逐し、この黴にかえてピエモンテ出身の田舎者たちという硬い外皮と歯石を置いて、民衆の性格それ自体を悪化させた。チルコ・マッシモ［マクシミリアヌス帝競技場］は以前よりよくなったように見える。ナツィオナーレ通り（すでにモンシニョール・デ・メローデによって開通されていた）は、もっとも典型的なイタリアの通りのひとつである。エセドラ広場は（現代の建築家で唯一注目に値するコッホのおかげで）、まったく脈絡のない地域に調和ある秩序をもたらした広場のひとつである。ピンチャーナ門の城壁に向かって、両側に干されたシーツがはためく路地で終わっていたカーポ・レ・カーゼ通りは、もはや美しいヴェネト通りのようには「ピクチャレスク」な通りの様相を保つことはできない。テヴェレ川沿いの石壁の工事は、これだけ悪く言われるにしても、おそらく不可避だったのだろう。突き当たりにあった、川の中に足場がある家屋はほとんど顧みる値打ちはない（たしかにリペッタの船着き場は顧慮に値したのだが）。そして、もしアラチェーリ小広場を綺麗に片づけ、驚きの効果のひとつ（家屋の間から覗く稲光に光るカンピオドリオの姿）を犠牲にしたことが軽率な行為であったとしても、現代的な意味で住みやすいことを欲する都市においては、「ゆとりの空間」を征服するために一撃を加えないわけにはいかなかったのだ。結局、オスマンの——本当に彼が述べた言葉とすればだが——見解、すなわち「古の都市には触れるな。新たなローマは、プラーティ・ディ・カステッロから遠く離れたところに建造せよ」が正しかったことを認識すべきである。

すでにナポレオンの時代に、カミーユ・ド・トゥルノンは同様な見解を表明していた。周知のように、古のローマは、その時代にひとつの巨大なヴィッラとして結合する、いくつものヴィッラから構成される都市として再生し、その中をいわば新しいハドリアヌス帝であるナポレオンが逍遥するはずであった。要するに、個々のとり壊しについては議論する余地があるだろうが、しかし、この都市の高い地域を占めていた膨大な公園群を破壊するのが犯罪的であることは万人が一致して認めている（もっとも、われわれの眼に入るかぎり、樹木も同様に排気ガスによって衰えていくのだろうけれど）。

ここでわれわれは、少しの間、あのリップ・ヴァン・ウィンクルの寓話をローマに場所を移して考え、ボッテーゲ・オスクーレ通りのプブリウス・ビブルスの墓付近、すなわち古代ローマの宝石のような場所、古のヴェネツィア広場を分断した、あの記念碑の建設のためにとりこわされた地域にかつて住んでいた祖先の一人が戻ってきたと想像してみよう。あるいは、ボーリ広場や、かつては中央にキオスクのあったゴルドーニ広場でもよい。おそらくこの先祖は、ここはいったいどこだろうかと考えるだろう。私は一八一九年の年記を持つミシャロンの風景画を所有しており、ここには田園の厳粛さを背景に聳え立つサン・ジョヴァンニ・イン・ラテラーノ聖堂［図6］とサンタ・クローチェ・イン・ジェルサレンメ聖堂［図7］が描かれている。いまや、古の聖堂は、ことごとく、かつては孤独と沈黙が醸しだしていた厳粛さを失ってしまった。そして、バルベリーニ広場［図8］は、おそらくはトリトンの噴水とパラッツォの壮大さでそれとわかるだろうけれど、そこからヴィッラが立ち並ぶ区域まで歩いていこうとするならば、彼の戸惑いは限りないものとなるだろう。

図6——サン・ジョヴァンニ・イン・ラテラーノ聖堂

図7——サンタ・クローチェ・イン・ジェルサレンメ聖堂

FIUMETER
SOC. ASSICURAZIONI
AFFILIATA ALL' I.N.A.
JAGUAR
LONGINES

図8――バルベリーニ広場

ローマのヴィッラの悲劇は、かつての交通手段の遅さに原因がある。時とともに、都市の発展が、のろい交通手段に追いついてしまったのである。ヴィッラが建造されたころ、馬車による旅行は、一時間に数マイル進むだけだった。この問題はおそらく古代ローマ人の時代にも存在したとも言いうるだろう。しかし、ローマ人はヴィッラを、教皇の甥たちのヴィッラが聳え立っている場所だけではなく、ローマから遠い郊外にも建造した。一六世紀のローマの要求は、アウグストゥス帝のローマの要求とは異なるべきものだった。一六世紀は、場所の便宜さから都市近郊にあるヴィッラを求めたのである。「葡萄畑」は、一六世紀以降、ヴィッラと公園に変わった。イーザ・ベッリ・バルサリは好著『ローマのヴィッラ』(Isa Belli Barsali, *Ville di Roma*, Edizioni Sisar, Milano 1970)において、現存する大小合わせて八九の、多くは貧弱な模造品と化したヴィッラと、現存しない五三のヴィッラを挙げている。この著作の唯一の欠陥は、ラヴァリオーリの著作と同様に、イタリア語のテクストに対置された英訳が満足いくものではない点である。ベッリ・バルサリは、ヴィッラについて基本的な現象学的側面を四つ挙げている。すなわち、ヴィッラが意味と歴史に充ちた廃墟に建てられたという側面、テラス状の形態と、ローマの建築と装飾(グロテスク)に由来する諸部分を意識的に採用した点で、古代に言及したという側面、ファサードと側壁を古代彫刻を展示する場として構想したという側面、庭園という観点から見ても真正の博物館であったという側面、である。ブラマンテがベルヴェデーレ全体に与えた体系は、ルネサンスとバロックのテラス状に造営された庭園の原型であった[図9]。ローマのヴィッラ建築は、ルネサンス以降、ベルヴェデーレとヴィッラ・マダマ[図10]の古典的理想から想を得ている。そして、パッラーディオは、ローマの範例から、住居をその周りのものより高く建てること、そして風景を「構築する」必要性を学んだ。この古典主義の最大の達成物のひとつが、教皇ユリウス三世が精魂を傾けたヴィッラ・ジュリア[図11]であった。だが彼は、五年間しか教皇位に就けず、ヴィッラの完成を見ることはなかった。ヴィッラ・ジュリア以降、大理石と多様な素材で覆われたファサードは、ヴィッラ・ピア・デイ・ピッロ・リゴーリオ、ヴィッラ・メディチ[図12]、ヴィッラ・ボルゲーゼ[図13]、ヴィッラ・パンフィーリ[図14]、パラッツォ・パッラヴ

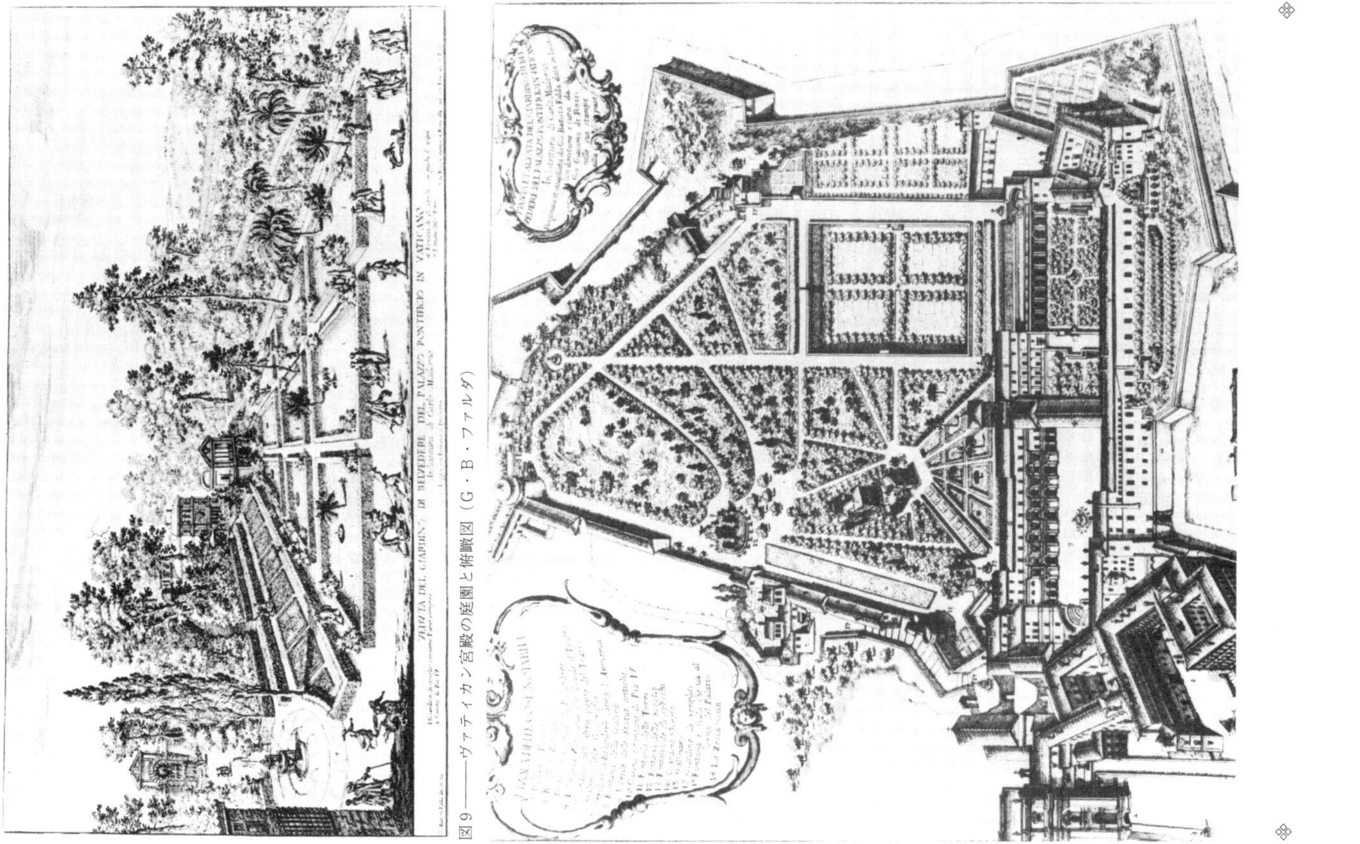

図9——ヴァティカン宮殿の庭園と俯瞰図（G・B・ファルダ）

図10———ヴィッラ・マダマ　俯瞰図と庭園

図11———ヴィッラ・ジュリアのファサード（上）と庭園（下）

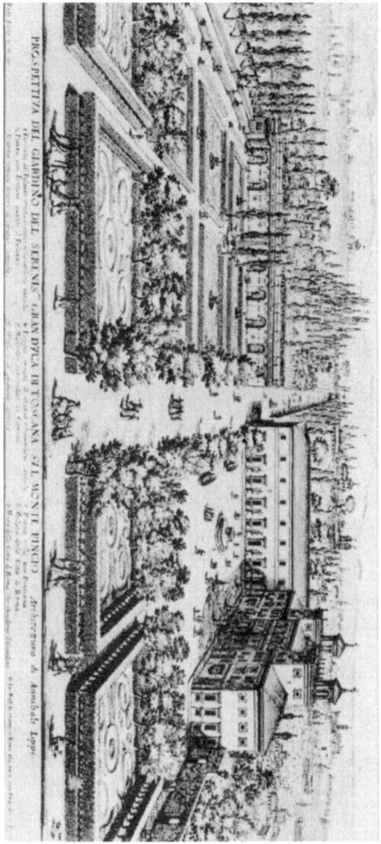

図12——ヴィッラ・メディチ

図13——ヴィッラ・ボルゲーゼ

図14——ヴィッラ・パンフィーリ

図15――パラッツォ・ロスピリオージのカジーノ

イチーニ・ロスピリオージのカジーノ［図15］などに多く見られるようになった。短い教皇位の期間と閥閲主義が、ローマのヴィッラの広範な増殖の原因である。つまり、ヴィッラは権力と富の、そして一族が得た至高の地位の顕示だったのであり、また同様に別の社会的特徴を表わす現象、たとえばパラッツォと陋屋の対照、アグロ・ロマーノ［ローマ周辺の平野地域］の閑寂や、マラリアをも明示したのである。こうしてローマは、外国人たちを魅了してやまない、劇的な対照から生まれる究極のロマン主義的な特徴を与えられることになったのである。

一五五七年にユリウス三世が死去すると、パウルス四世は、前教皇の子であるファビアーノ・デル・モンテの財産をすべて、それらがローマ聖庁会計院を介して獲得したとの理由で没収した事実を考えれば納得がいく。しかし彼は、その中の一部——フラミニア街道沿いにある「古い葡萄園」——を、ボッロメーオ家の自分の甥たちに分け与えたのである。そして、教皇たちが、存命中にすでに「神的」であったローマの皇帝たちといかに競ったのかを推測するためには、カミッロ・パンフィーリ枢機卿のヴィッラのボッロミーニによる計画（実現せず）において、小パラッツォにはそれを凌駕するインノケンティウス一〇世の彫像が、「九月一五日の教皇誕生の時刻に、太陽の光がこの彫像の足元に届くように置かれる」べく定められていたことを想い起こすべきだろう。一六三八年にローマで刊行された魅惑的な『フローラ、あるいは花の栽培』（*Flora ovvero cultura di fiori*）の著者、フェッラーリ神父の、少なくとも意図したところによれば、庭園には天国が地上にもたらされていた。この著作においては、方形の庭園が、「天国とそれなりになじむように」、「方形に配置された、永遠の安全性を具える、天上の至福の都市」を再現するものとして構想されている。一七四八年のジョヴァンニ・バッティスタ・ノッリの地図では、ローマの市街の五分の三がヴィッラによって占められていた［図16］。一世紀後、一八六九年のマリーの案内書の地図でも、情況はほとんど同じである。そののち、首都ローマの一〇〇年間は、ヴィッラの大部分を、回復不能なまでに破壊した。ローマの最後の大ヴィッラを建造したのは、銀行家のトルロニアだった。歴代の教皇の家系にかわって銀行家の家系が跡を継ぐことになった。しかし、次にそれを占有することになる「領主（シニョーレ）」と「主人（パドローネ）」は、現代のコーラ・ディ・

リエンツォであった（一九七一）。

ローマ平原（カンパーニャ・ロマーナ）に散見される中世の城塞建築についての、膨大で正確な目録、ジョヴァンニ・マリーア・デ・ロッシの『中世のローマ平原の塔と城塞』（Giovanni Maria de Rossi, *Torri e castelli medievali della Campagna Romana*, Roma, De Luca editore, 1969）は、約三五〇の場所にわたる、塔、城塞、農家の塔、城塞化された橋などの詳細な分布を忠実に示した表となっている。しかし、これに先行するものとして、トマッセッティとランチャーニの研究と論考が存在していた。「傷つき、その場で石化した巨人たち」のほとんど唯一の、考古学的で風景上の財産、とトマッセッティは古典的著作『ローマ平原』（*Campagna Romana*）の中で述べていた。本書は読者に対して、「祝祭、兵隊、戦闘、中世のローマ平野の騒がしい生活を成り立たせたすべて」を想像力を借りて再構成するように、われわれの精神をうながさずにおかない「大きな魅力」を示唆している。トマッセッティが生きたのは、レオパルディとカルドゥッチの時代であった。二人の詩人は廃墟について瞑想し、生き生きとした歴史画を想念のうちに映しだし、悲壮感に満ちロマン主義的な、「いまや、すべては沈黙している」という言葉でその瞑想を結んだ。現代では、歴史画は、おそらくソヴィエト・ロシアを除けば、もやは流行遅れであり、恋人たちも廃墟に隠れる必要はない（「廃墟の中の愛」とは）。今日ではどこでもどのような恋も為しうるからだ。数々の遺跡は考古学者と「イタリア・ノストラ」の関心を惹くかもしれないが、しかし都市化の波が及んでいるところではどこでも、遺跡は破壊され、掘りだされ、消失している。管理が一瞬でもおろそかになれば、一夜のうちに古代の遺物や幾世紀も経た樹木を消失させるのに十分である。さらに、この学識ある著作の「序文」で述べられているように、「もし、とりわけ観照的でかくも誇らしげな全体図から、この財産との個々の接触に移行するならば、熱狂は著しく醒めることになる」。この考古学的コンプレックスは、通例、自責的な諦念を呼び起こし、意気消沈させるあまり、今後の陰謀や破壊に抗しうる美学的な提訴を一切断念させることになる。新たな形の荒廃がローマを脅かしているのだ。六世紀にグレゴリウス・マグヌスは、「田畑

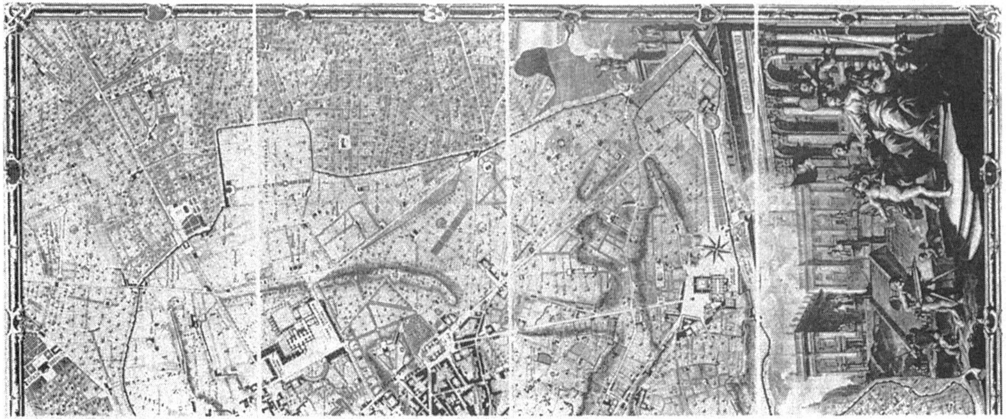

図16──G・B・ノッリ《ローマ新図》一七四八年

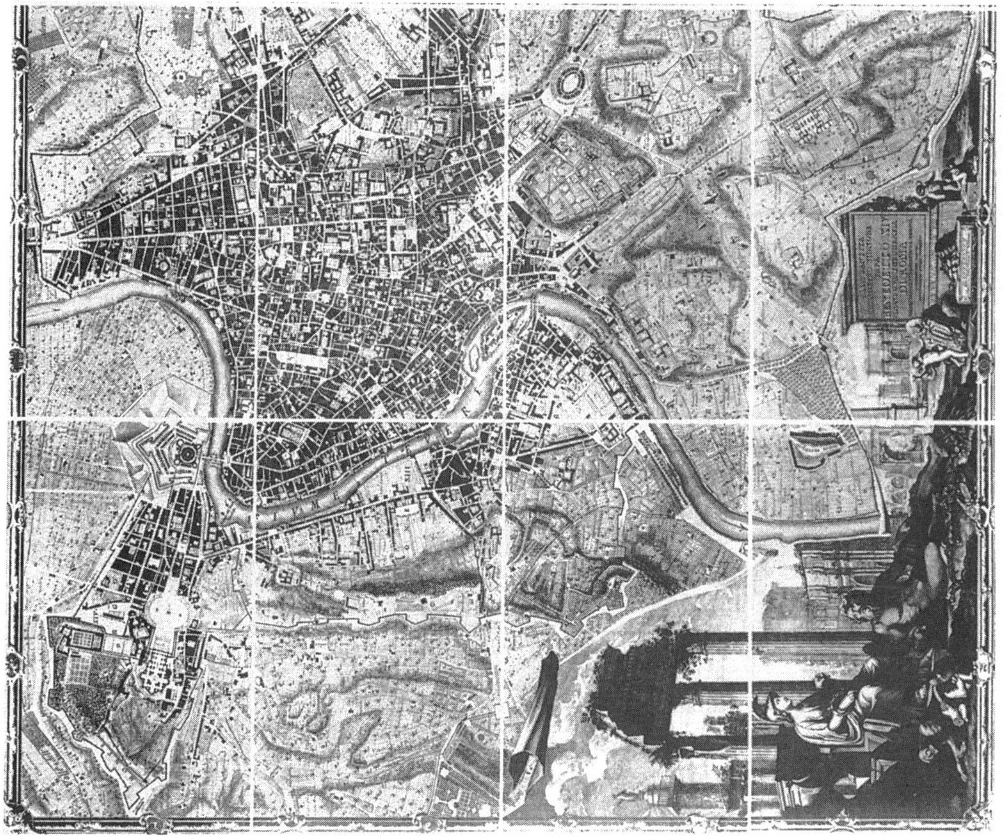

から人が去り、大地は荒廃するままになった」と嘆いた。モスクワ近郊の田舎の状態は、この都市に帰ってきたドクトル・ジバゴを怖じ気づかせた。荒れ果てた田畑では、泥土の氾濫のように鼠の大群が蠢いていたからだ。そのような状況において、人間と鼠の間にいかなる差異があるだろうか。有名なアメリカの小説の題名も、人間と鼠を結びつけているではないか［スタインベック『二十日鼠と人間』］。

八世紀の二人の教皇、聖ザカリアスとハドリアヌス一世は、異邦人の侵入とマラリアによって荒野と化していたアルゴ・ロマーノを復興させ、その固有の形態を再構築させた。そこで設置されたのが、「ドムスクルタ」［文字どおりには農耕の家］、すなわち、離ればなれになっている小さな農場から構成され、ひとつの教会と、生産量の管理のための役所によって結合された区域である。各ドムスクルタは小さな守備隊を持っており、また見張り番を特徴とする自衛体制をつくることを必要とした。そこから、やがて見張り塔が建てられ、また沿岸部ではサラセン人の海賊による不意の侵入に備えて塔が建てられた。一〇世紀から一一世紀にかけて、塔のそばに最初のカステッロが建てられた。こうして封建領主制が出現し、一二世紀から一三世紀にかけて実質をともなうようになった。封建主義は、永代借地権の制度や教皇の閥閲主義に有利だったので、その帰結として、ローマのいくつもの家系——カポッチ家、アンニバルディ家、オルシーニ家、カエターニ家、サヴェッリ家など——がローマ平原に定住した。そうした家の間に激烈な対立心が起こり、彼らは、修道院から譲りうけたさまざまな土地にカステッロを建て、これを専制支配の手段として、また自衛の場所として、あるいは司法権の象徴として利用したのである。一〇世紀から一一世紀にかけて、ローマから個々の領主のカステッロへと続く、防御にも顧慮した道路が造られた。初期のカステッロは、古代都市の墓地の廃墟の上に建てられた。カステッロには櫓と住館があり、聖堂は城壁の外側に建てられた。城壁造りは古代ローマの「オプス・リスタートゥム」(opus listatum) の遺産である、凝灰岩を積む構造に拠っていた。戦闘に火器が用いられるようになると、凝灰岩と火山砕屑岩を方形に切りとったブロックの間に煉瓦を並べる、より堅固なタイプの建造が広まった。この城塞化の広範にわたる陣容の実際については、一五四七年のエウフロジーノ・デッラ・ヴォルパイアの地図と、一七世紀にアレクサンデル七世がおこなった土地台帳のための一連の地図がきわめて雄弁に明らかにしている。

参看に値するこのデ・ロッシの著作を続けて読めば、生き生きとしたピクチャレスクな、珍しい逸話に出会うことができる。たとえば以下のような。コーラ・ディ・リエンツォは、ネットゥーノ通りの右側のカステッルッツァの小カステッロで敗北したときに、「ライナルド・オルシーニとジョルダーノ・オルシーニ、騎士の犬」と呼んでいた二頭の犬を池で溺れさせた。アルデアティーナ通りに面する城塞化された家を所有していたピエトロ・マルガーノは、一五一六年にその土地の靴屋の妻を拐かし、農民たちによって惨殺された。アレクサンデル六世は、臼砲(きゅうほう)の一撃を聞き、敵の襲撃の合図と間違えて、恐怖のあまりマリアーナのカステッロから逃げだした。このほか、マラグロッタのカステッロにいる大きな龍の伝説とか、詳細な年代記に記された同様な出来事に出会うだろう。しかし、壮大なトル・マッジョーレの塔を別にすれば、チェッキニョーラの塔、トッレ・キエザッチャに残存している異例の「ドムスクルタ」、カステル・ポルツィアーノ、プラティーカ・ディ・マーレ、パーロとトッリムピエトラ（この名称は中世においてその地域に属していたプレイタが訛ったもの）のカステッロのような堅固な城塞など、多すぎるほどの歴史的な場所が挙げられている、考古学に関心がなければ旅行者が失望するであろう場所である。

もし西洋のすべての国々のヴィッラについて、かつてフランス各地の聖堂のために用いられたように、『大いなる愛惜』という題名の著作を上梓できるならば、この哀歌はとりわけローマ平原のヴィッラに帰されるだろう。これらのヴィッラについては、最近、イーザ・ベッリ・バルサリが、マリア・グラツィア・バランキの協力を得て、情報と図版に満ちた一巻を著わしている。大きなヴィッラの維持には、しばらくまえから、資産家さえも挫折するようになった。それは財力と労力を要する。資金には事欠かないとしても、職人が欠けていることは万人の認めるところである。チャッツワースの庭師は、第二次世界大戦後は英国人ではなく、東欧諸国からの避難者である。カントリー・ハウスの大部分は、今ではナショナル・トラストの管理下にあって公開されており、四月から一〇月の間には、通例は古の調度品を保存している四〇〇以上のヴィッラを訪れることができる。英国のヴィッラの祖先であるヴェネトのヴィッラについては、個人と団体の熱意ある援助も十分ではない。おそらくトスカーナのヴィッラについては、外国人のこの地方に対して抱いている愛情のゆえに、また現地の人々との容易な協力のゆえに、状況はよりましであろう。他方、ローマのヴィッラについては、稀な例外を除けば、黄昏が訪れおり、粗悪化の一途をたどっている。

ティヴォリとフラスカーティという名称が、悦楽の場所とエデンの園を意味する国際語として通用していた時代の名声を思うと、唖然とするばかりだ。一七八七年にティヴォリを訪れたゲーテにとって、「ティヴォリは世界の驚異のひとつ」だった。ゲーテは、当時トマス・ジェンキンズが所有していた、カステル・ガンドルフォのイエズス会のヴィッラにも滞在した。このヴィッラの庭園の痕跡は残っていない。またかつて公園だった場所は、「アルバーノの都市の新しい建築を受け入れ」、その結果、「パラッツォのもっとも古い部分のすぐ近くに、カステル・ガンドルフォの小学校の建物が聳えている」。これは、現今の言い方をすれば、エンブレマッティックな事例である。しかし、結局のところ、イエズス会のこのヴィッラは群小のヴィッラのひとつであった。しかし、ヴィッラ・モンドラゴーネ［図4］はそうではなかった。

この大ヴィッラの名称は、ボンコンパーニ家のグレゴリウス一三世の紋章に由来する（アルテンプス家が時の教皇に払った敬意の表われである）。この龍(ドラーゴ)の紋章は、プリンチピオ・ファブリチイ・ダ・テラモに、二〇〇以上のエンブレムを収めた著作のテーマを提供した。これらのエンブレムにおいては、「上述した教皇の紋章である、龍の寓意のもとに、キリスト教君主の真の形態が述べられる」。メネストリエ神父は、自著『図像の哲学』(*La Philosophie des images*)において、この作品を「誤って考案された諸形象の混乱」と断じている。他方、考案された最良のものはこのヴィッラであり、それは教皇庁のすべての人間を歓待でき、所有者たちは、金色、赤、緑で装飾された鞣(なめ)し皮のタピスリーや、ラファエッロ、ミケランジェロ、デューラー、ドメニキーノ、グエルチーノの作品のために財力を惜しげもなく費やした。だが、これらについては何ひとつ残存していない。このヴィッラは、一六一三年にシピオーネ・ボルゲーゼがジャン・アンジェロ・アルテンプスから購入し、疑いもなく——ベッリ・バルサリが述べているように——「構想された中でももっとも大きなローマのヴィッラ」であり、その三つの主要な建物は、「ティヴォリのヴィッラ・デステやフラスカーティのヴィッラ・アルドブランディーニをはるかに凌ぐ大きさで、モンドラゴーネのパラッツォだけで三七四の窓があったと言って喜んだ人がいた」。このヴィッラは一九世紀に、彫像、浅浮彫り、古代の円柱が剝ぎとられ、管理されぬままに放置されていた。一八二一年にはオーストリア軍の兵舎に提供された。修理しようとしたグエンドリーナ・ボルゲーゼの試みも、彼女のあまりに早い、惜しんであまりある死のために無益に終わった。続いて、ギズレーリ学院の秋期の宿舎となり、イエズス会の寄宿学校となった。一八四四年にはもはや、T・ダンドロが『アルバーノ周辺の夏の遠足』(*Corse estive nei dintorini di Albano*)で、「遠くから眺めると生気に満ちていると見えるが、近づいた者には死の崩壊が露わになる」と書いている。コールリッジの『老水夫の歌』(*The Rime of the Ancient Mariner*)における、船のようである。しかし、一〇〇の閉じられた窓を持つ大きな壁を背景に、呪われた帆船の船壁のように、女の亡霊や骸骨が動き回っているのを見ることはないだろうし、水の滴る劇場の廃墟から音楽が響くこともないだろう。こうなると、シピオーネ・ボルゲーゼがテンペー峡谷の庭園やアドニスとヘスペリアスの菜園に見劣りしないと断言したラテン語の詩句も、この庭園を嘲笑するためにつくられたように思われてくる。

古代ローマの「氏族」が祖先であることを誇った大一族が注文主であること、そして閨閥主義が、ローマ以上に美術史に圧倒的な影響を及ぼした例はないだろう。ベッリ・バルサリが述べているように、アグロ・ロマーノ、コッリ・アルバーニの平野や斜面に、ヴィッラの巨大な建築物を実現した注文主の系譜は、枢機卿ジョヴァンニ・リッチ・ディ・モンテプルチャーノや司教ルッフィーニや枢機卿アゴスティーノ・トリヴルツィオに始まると言える。

教皇たちは、所有者としても建造者としても、個人的にヴィッラに関心を抱くことはなく、彼らの関心は甥の枢機卿や友人を介してのものだった。パウルス五世の甥、枢機卿シピオーネ・ボルゲーゼは、それまでの誰をも凌駕した。彼は、ヴィニョーラが建造したヴィッラ・トゥスコラーナ、マルティーノ・ロンゴ・イル・ヴェッキオが着手し、フランドル人ジョヴァンニ・ファン・サンテンが増築のために呼ばれたモンドラゴーネ、そしてジロラモ・ライナルディが建造したヴィッラ・タヴェルナ[図17]を、ひとつの複合体へと結びつけた。シピオーネは、ヴィッラで人生を演出することにもっとも情熱を傾けた舞台芸術家であった。この舞台装飾的な効果に鼓吹されて、マニエリスム趣味が勝ち誇り、バロックが付け加えるもののほとんどない所産が生まれたのである。そこには、プッサンの《フローラの王国》において不滅のものとなった、刈込み技術を施された植物の構図が見いだされる。噴水のモザイク、貝殻、エナメルの花、多孔質の石の素朴な浮彫りと巧妙に組みあわされた大理石は、セルリオの語ったように「放縦に混ざりあったもの」の自由な戯れであり、アンニーバル・カーロが一五六三年の書簡で、ヴィッラ・カテーナの所有者トルクァート・コンティに勧めた「綺想に満ちたもの」であり、たしかにボマルツォにあるオルシーニ家の「森」を凌駕している。また、水を蓄えた蔓棚(パーゴラ)は、ヴィッラ・デステにあるボッローリの噴水のように、アレクサンドリアのヘロンの『技巧を凝らし奇を衒ったスピリトゥス的運動』で言及されている自動機械によって水を噴きだして驚愕させた。それは、一七世紀イギリスの日記作者ジョン・イーヴリンを怖じ気づかせた、ヴィッラ・アルドブランディーニの、角笛を吹いて音を響かせたケンタウルスに似ている。また、多様な素材を用いた外観は、色彩の豊かさをもって、古代彫像の純白さを際立たせている。この異教趣味は、内部の、神話に想を得たフレスコ画に強くうかがわれ、アグッキが示唆していたように、アポロンとムーサによって「有徳な事柄と七自由学芸を想起させ」、またしばしば、称讃詩を作成した詩人がおこなったように、教皇たちのキリスト教的徳を称揚するものだった。こうして、ヴィッラ・デステで、枢機卿イッポーリトは、庭園に驚嘆すべき噴水を造ったがゆえに(水が流れる大階段はティヴォリで最初に出現した[図18])、岩から水を湧きださせたモーセになぞらえられ、また清純さゆ

図17——ヴィッラ・タヴェルナの外観（上）と庭園（下）

図18——ヴィッラ・デステ（ティヴォリ）
〈オルガンの噴水〉一五七二年頃完成
噴出する水が滝となって流れ落ちる

図19——ヴィッラ・アルドブランディーニの庭園
〈水の劇場〉
中央が《地球を支えるアトラス》

図20——カステル・フザーノのヴィッラ・サッケッティ

えにギリシアのヒッポリュトスと、さらに強さを持ちあわせていたヘラクレスと比較された。ヘラクレスは、枢機卿アルドブランディーニもまた比較されていた。ヴァリーニが歌ったように、アルドブランディーニは教会の統治という難業の中で、アトラスになぞらえられたクレメンス七世を支えていた。それゆえ、ヴィッラ・アルドブランディーニの建築家たちは、司教アグッキの提案に基づいて、大噴水の頂点と水の階段の上に、ヘラクレスの円柱を据え、噴水の彫像群の中心には、地球を支えるアトラスの像を置いて、教皇庁を示唆した［図19］。アグッキによれば、アトラスの像によって、「天文学の研究ばかりか、また天上的な事柄の瞑想が表わされており、また、流水は人類に与えられた知恵と幸福を意味している」のである。このようにして、神話はキリスト教と人文主義的な混淆主義（シンクレティズム）において結合され、エヴァとパンドラの間に、一角獣（ユニコーン）のかたわらの処女とキリストのかたわらの聖母マリアの間に等価性が確立されることになる。

祝祭、宴会、「猟園」で獲物を追いかける狩猟が、単調で静穏な生活にアクセントをつけていた。カステル・フザーノのヴィッラ・サッケッティ［図20］の場合は、そうした生活が大理石製の板に布告された法によって規則づけられ、そこには「慈悲」と「気品ある慣習」が刻みこまれていた。もっとも興奮する出来事のひとつは、教皇たちの来訪であり、この折には仮の建物が建造された。たとえば、ローマとネットゥーノ往復の旅程のちょうど半ばにあるチステルナ近郊のカッロッチェットでは、マルカントニオ・ボルゲーゼが、インノケンティウス一二世を休息させるために、木の板で仮設の小屋をしつらえ、教皇はここでしばし休んだのである。この旅行については、さまざまな報告で伝えられており、リーナ・モンタルドが『バロック期ローマの一文芸保護者——枢機卿ベネデット・パンフィーリ（一六五四—一七三〇）』(Lina Montaldo, *Un mecenate in Roma barocca, il cardinale Benedetto Pamphili [1654-1730]*, Firenze, Sansoni, 1955）で言及している。

「彼の旅程は、ローマの多くの貴顕の、教皇を自らの領地内で歓待しようとする強い欲求を満たすように設定された。実際、途中のトッレでは、若いスフォルツァ・カピッツキとマリオ・カピッツキが、母である、アルカディア・

アカデミー会員エレットラ・チテーレアのつくったエピグラムを歌いながら、教皇の肩輿のそばに跪いた。そして馬を易々と乗りこなして、教皇閣下を父である伯爵が用意した『贈り物』、すなわち、『二籠の孔雀、三皿のチョコレート、二皿の極上チーズ、二頭の子牛、一行全員のための茶菓』のところへ導いた。フラットッキエでは、総指揮官のコロンナが、各々五〇メートルもある長いテーブルを二台用意し、極上のリンネルの上に花を飾り、銀食器の間に果物、ワイン、砂糖漬けの果物、砂糖菓子を置いた。カステル・ガンドルフォのチェンチ家は、他の者よりも劣ることを望まず、謹厳な教皇の訪問のさいには、六頭の生きた子牛とともに、バターでつくった実物大の牛を提供した。これは他にもあまり見ない例だが、しかし、G・バッティスタ・アルティエーリ侯の召使いは、豪華な制服に身を包んで、『八皿の果物、八皿のチーズとバター、四樽のワイン』を供した。豪奢なアゴスティーノ・キージ侯は、八〇皿を下らない果物、乳製品、砂糖菓子、そして一〇の籠に入った騒がしい家畜、すなわち鶉(うずら)や鹿や雉や孔雀や、また『モンガーナ』と呼ばれる有名な子牛を、一二〇人の従者に贈り物として持ってこさせた」。

「晩餐会を仕切るのは枢機卿オットボーニであったのだが、多くの祝宴が、八三歳になって、公共の福祉のために多くの面倒を引き受けている善良な教皇を疲れさせていると思い、才知をもって、こうしたことを寓意、それも料理の寓意によって『犠牲になった無垢』(Innocenza sacrificata)と呼ぼうとした。教皇の一行は、五〇人の運び手と多くの下男によって担われた巨大な山車のごときものが前進するのを目にした。この山車は当時の趣好を大いに喜ばせるもので、葉ずれの音を立てる棕櫚の周りに配された巨大な形のパルメザンチーズ、砂糖菓子の豊穣の角(コルヌコピア)、果物籠から構成されていた。その山車の頂点、うるさく囀る小鳥たちの上に、『無垢へ』(Innocentiae)というモットーを持つ赤い旗とオットボーニの盾とともに、飼い慣らされ、犠牲として捧げられるばかりの、復活祭の羊が載せられていた」。

「他方、ボルゲーゼ侯は、オットボーニの驚異を凌駕する印象を招待客が一歩足を踏み入れたとたんに与えようと、カッロッチェートの領地にあるものを準備していた。それは、二五〇人の職人によって特別に建てられた、黄金を塗った木造の豪奢な建物だった。饗宴のための大広間には、最初は錦織りの深紅色のタピスリーが吊り下げられていたが、それが滑り落ちると、そこにガラスの壁が現われた。この壁を通して教皇は、貴賓席と一般席についている何千人もの招待客を、そしてボルゲーゼ侯が準備した、五〇〇の家畜小屋のほか、干し草を積んだ四〇の馬車を牽く一〇〇頭あまりの馬と、一〇〇ルッビオ［一ルッビオは約二九〇リットル］の飼料を眺めることができた。装飾の壮麗さも眼を瞠るばかりであった。フランドル地方のタピスリーを初め、金襴、天蓋布、グロテスク文様、そして『インド風のきわめて優美な形象』が、教皇庁の枢機卿たちとりまきの高位聖職者たちのために確保された部屋の天井と壁を覆っていた。教皇の短い滞在のために用意されたきわめて豪華な住居には、ある部屋では白い小アモルが花々を撒いて勝ち誇り、高価な金の刺繍が『謁見の間』の王座と天蓋を装飾していた。寝室の『テント』と威厳ある椅子、腰掛けとカーテンは、金と高価な絹で刺繍されていた。豪奢な布地に加えて、最上の絵画ときわめて上質の調度があった。カンペッロ伯は、『私は、彼(ボルゲーゼ侯)とパンフィーリの間に、ローマからフィウミチーノへと、貴重な家具や調度を満載した五隻の船を動かさせた』と語っている」。

それでは、現在はどうであろうか。ベッリ・バルサリが述べているように、「現在、われわれがヴィッラの中に見るものは、ほとんど例外なく、残されたむきだしの建築である。かつて、考古学的な情熱や名声の希求によって収集された、古代彫像と絵画のコレクションを欠いているばかりか、手の込んだ仕事によって造られた、貴重な調度品、道具類、タピスリーも欠いている」。

（一九七六［伊藤博明訳］）

ベルニーニをめぐる形而上学と事実

「大半の外国人研究者の中には、そして近年では幾人かのイタリア人研究者の中にも、ローマならばいかなる事象にも、いかなるモニュメントにも、そして、いわばいかなる身振りにも、秘密の、複雑な、難解きわまりない象徴を見ようとする共通の傾向が存在する」と、チェーザレ・ドノフリオは『ローマから見たローマ』（Cesare D'Onofrio, *Roma vista da Roma,* Roma, Edizioni Liber, 1967）で述べている。さらに加えて、「しかし、状況や歴史的な瞬間の中で、なによりその事象を生みだした、あるいはその事象に関わった人物を厳密に検討しながら、たとえ月並みで単純な結果に終わろうとも、『ローマ』の現実の中で起こった事象としてそれらを受けいれる謙虚さを持つことが必要である。研究者は、それらの事象が別の意味を有するほかの事象（同時代のものであろうとなかろうと）のゆえに存在したからといって、歴史学の方法論としては称讃しかねぬ『論理的飛躍（ヒアトゥス）』によって、こうした意味をそれらの事象に元来含まれているとみなしてはならない」。

ローマの魔力は、人間によるほかの傑作すべての魔力と同じように、たしかにその大部分は、それが磁石のように惹きつける諸観念の横溢に由来する。たしかに、演劇作品が生き延びるためには、すなわち時代とともに移動するためには、常に「生成中」（in fieri）でなければならず、また、現代人の関心を惹くかぎりにおいて生き延びるのであるから、ハムレットをロマン主義の、あるいはロマン主義以降の解釈で豊かにすることは、ある点までは正当であるだろう。しかし、だからといって、彫刻や建築の作品にしばしば恣意的な解釈を負わせることは――しかも、作者の帰属の問題が生じるとするならば――、正当であるかどうかを自問すべきだろう。こう考えてみると、ドノフリオの著作の標題は、一見すると現代的な通俗性を帯びたものと見えうるが、訓戒と計画を、すなわち、歴史上の資料を探究への、ピオ・ライナ［イタリアの文献学者、一八四七―一九三〇］ならおそらく賛同しただろうが、エンプソン［英国の詩人、一九〇六―八四］とその追随者たちは受けいれないであろう方法論への召喚なのである。彼の著作の標題は、フランシス・ハスケルの『画家とパトロン――バロック時代のイタリアの美術と社会の関係の研究』(Francis Haskell, *Patrons and Painters: A Study in the Relations between Italian Art and Society in the Age of the Baroque*)という標題に類似したものでもよかっただろう。というのは、とりわけ彼が論じるのが、ピエトロとジャン・ロレンツォのベルニーニ父子と、マッフェオ・バルベリーニ、シピオーネ・ボルゲーゼとの関係であり、《廃船の噴水》の作者の帰属をめぐる歴史的研究はまさにこの研究書の白眉と言うべきものだからである［図1・2］。

ドノフリオの著作とほぼ時を同じくしてマウリツィオとマルチェッロのファジョーロ・デッラルコ兄弟の『ベルニーニ――バロックの大劇場への序説』(Maurizio e Marcello Fagiolo dell'Arco, *Bernini, Una introduzione al gran teatro del barocco*, Roma, Mario Bulzoni editore, 1967) が刊行された。この研究は、ベルニーニの作品データを制作年順にまとめ、豊富な文献案内を備えてはいるが、私が冒頭に引用した一文においてドノフリオが告発しているような、神話化の傾向の良い例である。「良い」と言うのは、この二人の著者がベルニーニの劇場性というテーマを論じるさいの優雅さと鋭敏さは彼らの才覚と熱意を証明するものであり、ベルニーニにおけるこの傾向を論じた以前の諸論考(たとえばアントニオ・ムニョスのもの) を初歩的と思わせるほどである。この著作の標題で強調されている諸観念は、サン・ピエトロの広場を劇場の仕掛けになぞらえたカルロ・フォンターナにすでに受け入れられていたものであり、ベルニーニの同時代人の間で人気を博していたはずである。そのことは、ウルバヌス八世逝去という誤った噂が流れたために、民衆を納得させようと病身の教皇が祝福の開廊（ロッジャ）へとかろうじて身を運んだとき、「ベルニーニの装置によって」、他人の手を借りずに佇み、また動く教皇の死体だ、と民衆が叫んだところから窺われる。ルドルフ・ウィットカウアーによるベルニーニについての研究書を一読したとき、私は、この芸術家と劇場との比較があまりに多すぎると思った。といっても、この比較が正当性を欠くというわけではなく、むしろそれを改めて披露すること自体、自明のことを繰りかえしているにすぎないのである。

すでに一九五三年にジャン・ルーセはその著作（『フランスのバロック時代の文学――キルケと孔雀』[Jean Rousset, *La lttérature de l'âge baroque en France, Circé et le Paon*]――本書はデッラルコ兄弟の文献案内に見当たらない）の扉ページに、ベルニーニの中でもっとも演劇的な作品のひとつであるコンスタンティヌス大帝の騎馬像の図版を配して[図3]、デッラルコ兄弟の研究において主要なモティーフを形成している、バロックの変容と誇示という諸相（「キルケと孔雀」という副題に暗示されている）を強調し、「演劇は劇場から溢れだし、世界を浸した」と述べ、この時代全体のもっとも重要な人物として、まさに「人間は動くときにもっとも人間らしくなる」と述べたベルニーニを挙げている。それに加えてデッラルコ兄弟によれば、サン・ピエトロ大聖堂の天蓋（バルダッキーノ）では、「物質は動きとエネルギーの中にほとんど完璧に融解」しており、同聖堂の聖ペテロの司教座（カッテドラ）においては、祭礼行列の仕掛けと演劇の仕掛けは一体化し、ベルニーニ、すなわち「この一七世紀のオウィディウスは、変容を自分の秘密兵器と考えた」[図4]。さらに「ベルニーニの空間は無数の中心をもって」おり、「ベルニーニはボッロミーニを超え、軽さを重さに、重さを軽さに変容させ、現実を虚構に、虚構を現実に変容させ、まさに現実と虚構を混淆した。ベルニーニはボッロミーニの有機的性に応えて、自然の力（水や光）でさえも、舞台を構成する素材と道具として用いている」。こうして、多くの巧みな文章は、すでに完成された、あるいは溢れんばかりの花輪に、さらに花々を献ずるものとしか言いようがない。ベルニーニが、ボッロミーニのような建築言語の革新者ではないこと、しかし両者とも「合理主義」（「綺想」や「風狂」ではない）を共有していること、そして「無限の力にまで高められた『理性』は『才知』と変わり、細心きわまる合理的計算によって、非合理的と思われるほどのエピソードを構築するまでにいたっている」こと、ベルニーニの内

図1・2——ピエトロ・ベルニーニ《廃船の噴水》一六二七—二九年

図3——ジャン・ロレンツォ・ベルニーニ
《コンスタンティヌス大帝》一六五四—六八年
ローマ　サン・ピエトロ大聖堂

図6——《ガレー船の噴水》
パウルス五世の時代（在位一六〇五—二一年）
ヴァティカン宮殿庭園

MVNDO

図5――ジャン・ロレンツォ・ベルニーニ
《象のオベリスク》
ローマ　ミネルヴァ広場

図4――ジャン・ロレンツォ・ベルニーニ
《天蓋》1624-33年
ローマ　サン・ピエトロ大聖堂

面には、「ボッロミーニに見いだしうる鋭敏で神経質で張り詰めた緊張感はなく、むしろ生きる喜びを表現する、温かく心地よい雰囲気がある」こと、またベルニーニにおいては「建築が自然へと変容する傾向があり、ボッロミーニの作品において生じるようなその逆は存在しない」ことは、たしかにそのとおりである。これらの晴朗な文章表現の数々は、彼らの著作の副題「バロックの大劇場への序説」を十分すぎるほどに正当化するものである。

神話化の傾向は、現今のバロックについて書かれる多くの、いやおそらく多すぎるほどの著作に共通するものであり、さまざまな観念や文章にマスター・キー（passe-partout）的な性格を付与している。このマスター・キーは巧妙なレトリックのきわめて魅惑的な魔力を効果を誇示する一方で、芸術的創造の実際的状況を見失わせる。こうして、デッラルコ兄弟がベルニーニについて述べていることは、ほかの創造者たちにもあてはめることが可能だろう。というのは、同じ批評学派（アルガン学派のことである）の著作のひとつ、アンドレイーナ・グリゼーリの『バロックの変容』（Andreina Griseri, *Le Metamorfosi del Barocco*, Einaudi, 1967）で述べられているように、バロックの創造的な生命力の根底で、「核心をなすのは、（正確で肯定的な意味における）演劇的な性格であり、それゆえに、バロックの作家たちはみな俳優であり、監督であって、観客に囲まれた『舞台』の上で、多様で、躍動感あふれるダイナミックな世界を創造する。……世界の意味は、広大で遍在する劇場として、演劇的意味において捉えられる。（ボッロミーニやグァリーニにおけるような）焦燥した探究」。グリゼーリはまた次のように述べている。「ベルニーニの場合、二律背反としての悪と善という（バロック的な）仮定、魂の疑念、神との対話の瞬間、魂の夜、そして魂の光への志向にとって、いまや新しい表現方法が必要となる。とりわけ、一八世紀においては極端な相対主義にいたるような、事物をいかに『あるのか』ではなく、われわれの各々にとって『いかに見えるか』（見えうるのか）を、事物の差異に基づいて翻案しようとするダイナミックな移行を要求されていた。ここにおいて新しい徴が必要とされ、ついには新しい言語が創造されることになるだろう。このことは、ベルニーニ一人の功績ではなかった」。この批評家が、雄弁の波に身をまかせるあまり、誤った河岸にたどり着いたのは、ご覧のとおりである。というのは——すでに言及したように——グリゼーリよりも正しい観察をおこっている同じ学派に属するほかの批評家、すなわちデッラルコ兄弟の判断に基づくかぎり、建築言語の改革者として名前を挙げられるべきはベルニーニではなくボッロミーニだからである。さてわれわれは、この形而上学のセイレンたちから遠ざかることにしよう。とはいえ、「ベルニーニは世界はすべて劇場であり、人間はみな俳優であると告知している」という言葉（これもグリゼーリのもの）が、ラジオから流れるコマーシャルのように、わんわんと唸り続けて耳からなかなか消えはしないのだが。

もし「いささか下賤な事柄を歌う」(paulo minora canere) ことにして、ベルニーニのものとされるいくつかの作品の帰属について正確な情報を得ようとするならば、デッラルコ兄弟の見事な書物もあまり役には立たない。ベルニーニの作品としてもっとも知られているもののひとつである、ミネルヴァ広場の《象》[図5] の場合、デッラルコ兄弟の著作では本文でも（八三ページ）、作品解説でも、ジャン・ロレンツォ・ベルニーニによってこの小さなモニュメントの現在の形態がつくられたことに微塵の疑いも寄せられていない。ところが、この作品はベルニーニ自身が七七歳のときに口述筆記させた自作の目録には載っていない。このことが現在まで見過ごされてきたのは、バルディヌッチが一六八二年に公刊した目録と同一のものと考えられていたからである。ベルニーニ自身による目録は、バルディヌッチがベルニーニの高名な伝記を執筆するため用いることのできた資料に欠けている環をもたらすかぎりで、きわめて高い重要性をもっている。それをはじめて公刊したのはドノフリオである。なぜ《象》がこの目録に入らなかったの理由については、このモニュメントの完成を報告している『ローマの消息』(*Avviso di Roma*) から確証しうる。そこで明言されているように、このモニュメントは「高名きわまりない建築家であるドメニコ会士ジュゼッペ・パリア師の指導のもとに」制作され、「たしかに最初はベルニーニに依頼がなされ、彼は両腕の間にオベリスクを支える巨人という有名な構想を提出したのだが、かの憎むべき敵対者であるパリア師は徐々にベルニーニにとって代わり、彼よりも優位な立場を得て、石灰華（トラベルティーノ）の立方体からオベリスクを支える象の形態が現われたのである。この信じがたいほど静的で、想像力に欠けるモニュメントについてジャン・ロレンツォ［・ベルニーニ］は、自身の作品目録から抹消して、自作であることをはっきりと否定した」。

この目録はまた、ベルニーニの特別な心理学的関心について明らかにしている。というのは、ベルニーニはいくつかの彫刻作品名の脇に、戸籍上の（虚偽の）年齢を書き添えることによって、自らが神童であったという、彼がおそらく生涯に抱いたもっとも大きな野望を目録の上で成文化し、信用させようと試みているからである。しかしこのことは、同様にドノフリオが初めて明るみにだしたもうひとつの弱点に比べればはるかに許せるものである。ドノフリオは、（フィレンツェの国立図書館所蔵の）写本群の中から、バルディヌッチが物故した偉大なる人物の不利になると考えて、自らの著作に用いることを差し控えた資料を見いだした。それによれば、一六三八年四月にジャン・ロレンツォ・ベルニーニは兄のルイージが自分の愛人コスタンツァ・ボナレッリと深い関係にあることを知って、彼女のもとに自らの召使いを遣わし、ギリシアの葡萄酒一瓶を届けるとみせかけて、剃刀で彼女の顔を切るようにと命じたこと、この事件でジャン・ロレンツォは三〇〇〇スクーディの罰金を課せられが、教皇ウルバヌスによって「卓越した才能をもつ稀有な人物であり、神の意志により、ローマの栄光のために、この世紀に光をもたらすために生まれてきた人物」として赦免されたが、当の召使いは国外追放に処された。

《廃船の噴水》はベルニーニの作品目録には記載されていない。デ・ッラルコ兄弟は、本文中では（八八ページ）暗黙のうちにジャン・ロレンツォの作品としているものの、作品解説（五二）では、研究者によってジャン・ロレンツォの作品か、あるいは父親のピエトロの作品か議論が分かれていることを認め、ハワード・ヒバードの基本的論考を参照するように促している。ヒバードがおこなった議論は、とりわけポンピリオ・トッティの『現代ローマの肖像』（*Ritratto di Roma moderna*, 1638）の証言に基づいており、《廃船の噴水》の象徴について研究した結果、ヒバードは「まさにジャン・ロレンツォの典型であるこの作品がほかの作家に帰されていたとは信じがたいように思われる」と述べている。しかし、勝算があるのはドノフリオの方で、彼はこの噴水が、教皇からヴェルジネ水道とその送水管とその噴水の建築家に任命され、支払いをうけたピエトロの作品であることを示し、さらにピエトロの三〇年来の友人であるパリオーネも、フィオラヴァンテ・マルティネッリも、また原資料に基づいてウルバヌス八世の未刊の伝記を書いたアンドレーア・ニコレッティもこの作品をピエトロに帰していること、そしてウルバヌス八世によってこの《廃船の噴水》のために作成されたとドメニコ・ベルニーニが述べているエピグラムは、実はヴァティカン宮殿の庭園にある《ガレー船の噴水》[図6]のために作成されたことを示している。またこれらのエピグラムに対する、ドノフリオが落首(パスクィナータ)と呼ぶ返答は、マリオ・デッラルコ(ベルニーニについての研究書を著わした兄弟の父親である)の『語る彫像パスクィーノ』(*Pasquino statua parlante*)という大部な著作にも見当たらない。そしてパスクィーノに関するこの著作では、あの有名な言葉「蛮族すらなさぬことを、バルベリーニはなせり」(Quod non fecerunt Barbari, Barberini fecerunt)を最初に言った人物についてもわからない。ドノフリオが明らかにしているように(一二四ページ)、その人物は教皇自身であり、彼は自分の立場が悪くなろうが頓着せずに冗談を楽しんでいた。最後に、様式的にも、《廃船の噴水》をジャン・ロレンツォに帰するには無理がある。というのは、小舟の中央に配置された一種の大型滑車が水を噴射すること自体、ジャン・ロレンツォが噴水に抱いていた概念とまったく相容れないからである。ベルニーニにとって、水とはただ吹きだして水盤に溜まるものではなく、トリトンであれ蜂であれ、被造物を通して闇から光に向かって噴出すべきものなのである。

もしデッラルコ兄弟の著作が、ベルニーニの芸術に抱くわれわれの幻想を調整する最上の音叉であるならば、ドノフリオの著作は、それとは異なる、より慎重でより正確な方法によって、この偉大な芸術家が成長していった世界に直接触れさせてくれる。ドノフリオとともにわれわれは、バロックの偉大な劇場の、たんに観客席に座しているのではなく、その袖に佇んでいるのである。

(一九六八[伊藤博明+上村清雄訳])

サンティ・ルーカ・エ・マルティーナ聖堂

　ボッロミーニによるサン・カルロ・アッレ・クワットロ・フォンターネ（サン・カルリーノ）聖堂ほどには知られていないが、カルチェレ・マメルティーノとフォロ・ロマーノの間に位置するサンティ・ルーカ・エ・マルティーナ聖堂は、ピエトロ・ダ・コルトーナによる卓越した建築作品であり［図1］、クイリナーレ通りに面するボッロミーニによる聖堂とともに、バロック芸術の基本的なテクストのひとつである。すなわち、両者とも同じ問題を抱え、建築言語こそ異なるものの同じような解決策を探り、ヨーロッパの芸術に同等の影響を及ぼした。というのも、コルトーナとベルニーニの弟子であったカルロ・フォンターナと、その弟子たち（その中にはマルティネッリやテッシンがいる）は、アルプス以北の地にコルトーナの建築上の概念を、単純で、個性を欠き、より類型的なものにしながらも広めたからである。サン・カルロ・アッレ・クワットロ・フォンターネ聖堂［図2］を訪ねる人は引きも切らない。幸いにも、サンティ・ルーカ・エ・マルティーナ聖堂を論じたみごとな研究書が上梓されたので（Karl Noehles, *La Chiesa dei SS. Luca e Martina nell'opera di Pietro da Cortona*, Ugo Bozzi Editore, Roma, 1969）、コルトーナによって建てられた聖堂にもしかるべき星の数が旅行案内書に記されることが望まれる。まさにこの書物の出版のゆえに、一九六九年は、この聖堂がたどる歴史の中で、「遺骨納室（コンフェッシオ）」の改修工事のさいに聖女マルティーナの聖遺物が発見された一六三四年に劣らぬ重要な年として記録されることになるだろう。聖遺物の発見によって、この聖堂を再建しようとするコルトーナの構想は実現可能となった。元来この聖堂は、フランチェスコ・バルベリーニの霊廟（マウソレーオ）として構想されていたものであり、バルベリーニは聖ルーカ・アカデミーを保護するために枢機卿に任命され、彼の芸術庇護（メチエメティズモ）によって、このアカデミーに属する聖堂の修復が進展するようにという期待が寄せられていた。そして、聖遺物の発見により、聖女の名前を冠した聖堂が完成したのである。

ことのついでに、聖堂を霊廟とする計画が当初あったことを示す、好奇心をかきたてるエピソードを紹介しておきたい。アンソニー・ブラントは《ある枢機卿の墓》の構想案（リールのヴィカール美術館蔵［図3］）をとりあげて、資料上の裏付けはないもののすぐれた直観によって、この枢機卿がウルバヌス八世の甥フランチェスコ・バルベリーニであったことを示唆している。この構想では、中央の柩の上に横たわる枢機卿をとりかこむ人物として、フランチェスコの二人の師の胸像が置かれることになっていた。その二人とは、フランチェスコに、文学的、人文主義的な教養を授けたスコットランド人ジョン・バークレイ［一五八二―一六二一］（彼がフランスの宗教戦争に想を得てラテン語で書き、一六二一年に刊行された、歴史・政治詩『アルゲニス』は当時大いに評判となった）と、法学者のベルナルド・グリエルミである。実際、二人の胸像はデュケノワによって制作され、サン・ロレンツォ・フオーリ・レ・ムーラ聖堂の左手の側廊［図4］にある、これら著名な二人の墓に一六二七年から二八年にかけて設置された。しかし、バークレイの胸像はのちに未亡人の手に委ねられ、最終的にはサントノーフリオ聖堂に移された［図5］。それは現在も、同聖堂内のタッソ博物館に保存されており、作者不詳のタッソの肖像として扱われている――タッソの肖像をめぐる不運は、これのみに留まるわけではないのだが。

聖女ビビアーナの聖遺物の発見が、この聖女に捧げる聖堂建設の端緒を開いたように、斬首された聖女マルティーナの頭蓋骨（これを納めるために用意された豪華な聖遺物箱は、現在サンテウフェミア音楽学校に所蔵されているものと同定しうる）の発見の反響は大きく、そのためにバロックのもっとも卓越し、もっとも典型的な聖堂のひとつの建造が可能となった。聖遺物に対する信仰は、それが本物であろうとなかろうと、たしかに傑作を生みだすのに役立った。

図1——ピエトロ・ダ・コルトーナ
《サンティ・ルーカ・エ・マルティーナ聖堂》
一六三五—五〇年 ローマ

図2——フランチェスコ・ボッロミーニ
《サン・カルロ・アッレ・クワットロ・フォンターネ（サン・カルリーノ）聖堂》
一六三八—四一年　ローマ

図4――《サン・ロレンツォ・フオーリ・レ・ムーラ聖堂》身廊　一二〇〇年頃　ローマ

図3――ピエトロ・ダ・コルトーナ?《ある枢機卿の墓碑礼拝堂のための構想案》
リール　ヴィカール美術館

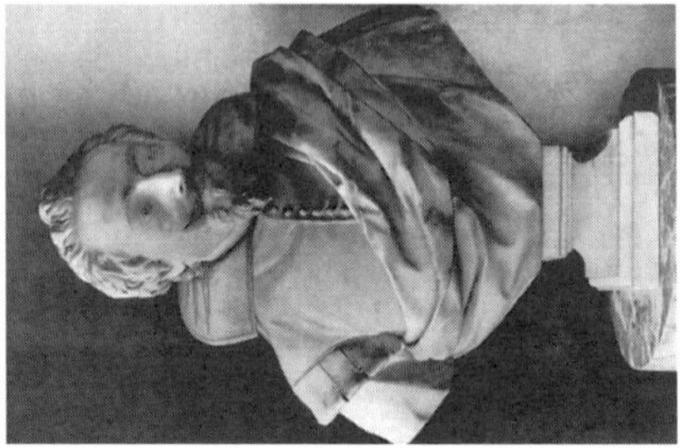

図5――フランソワ・デュケノワ《ジョン・バークレイの胸像》一六二七年
ローマ　サント・ノーフリオ聖堂内タッソ美術館

図6——ピエトロ・ダ・コルトーナ
《サンティ・ルーカ・エ・マルティーナ聖堂》内部
一六三五—五〇年　ローマ

図7——ピエトロ・ダ・コルトーナ
《サンティ・ルーカ・エ・マルティーナ聖堂》円蓋内部
一六三五—五〇年　ローマ

その代表的な例としては、ピエロ・デッラ・フランチェスカがアレッツォで描いた聖十字架伝説のフレスコ壁画が挙げられる。コルトーナが建てた聖堂が典型的なバロックの作品であることは、一八世紀に古典主義者ミリツィアによって攻撃の的とされた事実からも推定される。コルトーナの建築は建築上の「視覚的な」経験に基づいており、それを介して多様な要素が、光の効果を考慮し、光によって統一される、ひとつの連続的な壁面を創出している。このような建築がミリツィアの神経に障らないわけにはいかなかった。ミリツィアにとって建築物とは、個々の部分が明快に区分された壁面の連なりによって構成されるべきであり、建築上の連結部分——とりわけ円柱——は、相対的な独自性を持つべきものであった。すなわち、建築のこのような要素の機能と効果は、彼の建築概念においては、光の作用とは根本的に別なものだったのである。

ところで、光はバロックの絵画と建築において、機知がバロック文学に果たしたのとまさに同じ役割を担っていた。カラヴァッジョやレンブラントの作品が念頭に浮かぶ第一のものである。しかしバロックの聖堂の内部もまた、劇場的な効果を生みだす遠近法に基づいて構想されており、エピグラムの構成においても同様なものが見いだされる。ノーレスの観察によれば、サンティ・ルーカ・エ・マルティーナ聖堂内に入りこむ光は、和らげられ、ほとんど薄明のようである［図6］。「光は穹窿の場所で強度を増す。後陣（アプシス）の頭冠（カロッテ）に開けられた窓を通して内部に光が自在に入るからだ。こうして、漆喰装飾（ストゥッコ）は、彫塑的な量感の一部を失い、豊かな陰影を持つ『絵画的な』形態へと変容する。とはいえ、この光も、ドラム部分（タンブーロ）の八個の大窓を通して円天井（クーポラ）に広範に溢れだす光に比べればいまだ慎ましく見える。そして、光の強度の漸進的な増大こそが——ほかの構成上のいかなる要素にも増して——円天井に支配的で決定的な要素という価値を付与している」。こうして円天井は、非現実的で形而上的な特質を帯びることになる［図7］。それは、メタファーの機知において、「第三のもの」（tertium quid）が生じるのと同様である。

コルトーナの建築がどのような過程を経て実現されていったのかを、そして、コルトーナが古代建築（アッピア街道の墓碑）やミケランジェロのラウレンツィアーナ図書館（壁面の彫塑的な連結は、より滑らかで伸びやかな形態で、ミケランジェロらしい緊張感に欠けている）から、そして最後に、バルバロ、ツッカリ、ロマッツォ——その『絵画神殿のイデア』（Giovanni P. Lomazzo, *Idea del Tempio della Pittura*, 1590）はコルトーナの宇宙観に大きな影響を及ぼした——の理論書からどれほどの示唆を受けているかを指摘することは、要点を限ったとしても不可能である。とはいえ、建築に関する彼の思弁的態度は決して新しいものではなかった。パルテノン神殿や数々の入口門（プロピュライア）を含むギリシアのかなりのモニュメントにおいて、円柱の台座上、あるいは基台（スティロバーテ）上の配列が、台座の幅を規準に置くならば、ピュタゴラス的尺度に厳密に対応する数に従っていることが判明している。ギリシア芸術は、均整（エウリトミア）というピュタゴラス的、プラトン的観念によって支配されていたのである。ピュタゴラス的伝統は、建築家や石工の実際的な経験を介して、ゴシックの大聖堂の建造者たちに伝えられた。そのことは、ノヴァーラのカンパヌス（一三世紀）が残した一節が証明しており、このパリの司教座聖堂参事会員は、ユークリッド幾何学に註釈を加えつつ、黄金分割に敬意を表わしている。

サンティ・ルーカ・エ・マルティーナ聖堂のファサードは、最初の案では、三位一体の観念を象徴する正三角形を基本に構想された。すでにプラトンは（『ティマイオス』五四—五五）、正三角形を宇宙の調和のエンブレム的な形象として構想していた。ツッカリの時代においても、三角形を聖ルーカ・アカデミーのエンブレムとするかどうかをめぐって議論されている。同類の象徴体系は、ボッロミーニの形態的な構造にも見いだされ、そこで正三角形は同様な重要性を与えられている。ポルトゲージは、この形象が、サン・カルロ・アッレ・クワットロ・フォンターネ聖堂の「平面図でも立面図でも、根本となる母型的形態」であると特定した。平面と曲面という対照的な壁面の結合は、コルトーナの建築にとっても、そしてまたボッロミーニの建築においても、根本的なテーマのひとつであった。しかしながら、サン・カルロ・アッレ・クワットロ・フォンターネ聖堂において、ボッロミーニが最初の構想案から完成案へといたった展開は、サンティ・ルーカ・エ・マルティーナ聖堂に見られるコルトーナの概念とはまったく無縁であると、ノーレスは結論している。ボッロミーニとコルトーナによる、諸空間を統一し、分断化を和らげようとする傾向はたしかに、ヨーロッパのバロック建築に永続的な影響を及ぼした。とはいえ、この原理が「コルトーナの建築におけるように、正鵠を射た、卓越した手法によって実現されることは稀」であった。

（一九七〇［伊藤博明＋上村清雄訳］）

ローマの至宝の芸術

あらゆる時代を通じて万人が称讃した第一の至宝とは、「ローマの輝かしい蒼天、あの神々しい気候の中で春が潑剌と目覚める効果、精神を麻痺させるまでに溢れでる新しい生命」と、シェリーが讃えたものである。

そしてローマには遺跡が、著名なモニュメントが存在し、それらは中世以来、一八九九年刊行のフランシス・モーガン『ローマの驚異』（*Marvels of Rome*）まで、そして、マーガレット・R・シェーラーが著わし、ニューヨークのメトロポリタン美術館のためにファイドン出版から一九五五年に刊行された美しい写真集『古代ローマの驚異』（*Marvels of Ancient Rome*）まで陸続と執筆されてきた「驚異（ミラビリア）」についての多くの書物に話題を提供し続けてきた。この写真集では、現在のローマの姿ともはや失われたローマのそれとが隣りあわせに並べられており、ローマを「いまだその輝きを保持している、もっとも古い偉大な都市」としてきたモニュメントが、幾世紀にわたってこうむった変遷を示そうとしている。

現今の旅行者が、パラッツォ・クィリナーレの前に置かれた馬を調教する者たち［ディオスクロイの彫像〔図1・2〕］を彩る伝説に、往年の旅行者のように思いを馳せることはなく、また、マルクス・アウレリウス帝騎馬像を目にしても、一九世紀の旅行者のように、遺跡のロマンティックな魅力に心からの喜びを感じることはないだろうが、しかし、ローマのモニュメントに対する関心が失われたわけではない。

フォロ・ロマーノが「雌牛の原（カンポ・ヴァッチーノ）」と呼ばれた時代には、遺跡に混じって雌牛や雌山羊が草を食んでいたとして、そのピクチャレスクな光景の価値を減じることもできるだろう。「真実の口」のような場所が、一九世紀には息苦しいほどに密集していた、不潔なあばら家や汚い工場からようやく解放された、と主張することもできるだろう。その当時、テヴェレ川の水はより豊かであったかもしれないが、住居や茅屋が乱雑に寄せ集まり、干された洗濯物が並んで綱に飾られ、恥も外聞もなく、みすぼらしく、洗練を欠く本性を示し、あらゆる種類のゴミが投棄されていた河岸が美しいはずはなかった、と言うこともできるだろう。テヴェレ川に面する住宅の、あの気を滅入らせる湿った壁は、持ち主たちが屋根裏部屋や物置部屋を考慮に入れておらず、それらを修復して別の用途に使おうなどと夢にも思わなかったことの証である。たしかに、決して美しくはなかったはずである。そしておそらく、詩人たちが高貴で聖なるテヴェレと讃えた水路の両岸は掃き溜めと下水で卑しめられ、おそらくピクチャレスクな光景にはほど遠かっただろう。

私は、ナヴォーナ広場が日中は市場に使われていたことを懐かしむべきだとも（現今のクリスマスの時期に立ち並ぶ物売りの小屋を見れば、市場としての値打ちがどれほどのものであるかわかる）、また、その広場に夏は水を張って馬車を水浸しにすることを、悪童どもの集団が泥水をはねあげることを懐かしむべきだとも私は思わない。カッペッラーリ通り、ペッレグリーノ通り、モントーロ通り、モンテ・ヴェッキオ広場、ズィンガリ広場に隣接するいくつかの路地やモンテ・ジョルダーノ通りなど、現在ではまったく人影が途絶えた周辺の地域は、教皇支配の末期のローマがどのような状態にあったか、ほぼ全体のイメージを伝えてくれるだろう。コヴェントリー・パトモアが一八六四年に、「今まで見た都市の中でもっともみすぼらしい」と明言し、ホーソーンが一八五八年に、「ローマの道の、物哀しく醜悪で荒涼とし、人々を歓待しない佇まいをなんとか紙に書こうと努めるが無駄に終わる」と記したローマである。そして、ホーソーンはまた、最後は愛の讃歌に変わる、あの記憶に残る激しい悪口を記している（『大理石の牧神』第三六章）。「このような心の状態でローマをあとにすると、われわれは自分たちの心の感覚の糸が不思議にも

図1・2——ディオスクロイの彫像　二世紀　パラッツォ・クイリナーレ

この〈永遠の都〉につながっていることを少しずつ発見して、驚きを禁じえなかった。その糸はわれわれを再びこの都へと、あたかもわれわれにとっても親しい故郷のように、生まれたまさにその場所であるかのように誘うのである」。そして、もしわれわれの想像の中に、メダルの表面を形成している、ローマの特質を呼びおこすならば、その結論は肯定的なもの以外ではありえなかったが、また、無頓着と物哀しさが同じメダルの裏側であることも避けられなかった。

現在でも旅行者は、コロッセオやカラカラ帝の浴場跡を驚異の眼差しで眺め、パラティーノの丘を息を呑んで散策する。しかしながら、あえて申しあげたいが、現在の旅行者の感情の振幅は、一九世紀の場合と比べても、いやほんの五〇年前と比べてもきわめて限定されている。ファルネーゼ家の果樹園や、擬ゴシック様式のヴィッラ・ミルズの上部構造が撤去されるまえにパラティーノの丘を、それらの建築物が空に描く凹凸のある輪郭線が終わり、植物の緑や遺跡に囲まれた素晴らしい眺めに続くのを見た者、そして、小道をたどれば常に新しい光景に出会うかに思われ、最後にはカンパーニャ地方やアルバーニの丘に視界が広がる大きなテラスへと続く、途方もない大きさの庭園を散策した者は、陽光に照らされたローマ帝国時代の宮殿の遺跡の間で、パラティーノ美術館の低い兵舎が際立つ、採石の現場を思わせる光景を示すこの土台（それ以外のものではない）の複雑な迷宮の中で自分の位置をたしかめようとする現今の旅行者を憐れむことだろう。他方、われわれがあとにしてきた石と煉瓦を積みあげている場所ならば、夢を見続けることができたかもしれないが、テラスからの眺めからはもはやカンパーニャ地方は望めず、夥しい数の現代の住宅が広がるのを眼にして、われわれは夢から醒めざるをえない。

若い青年を従えて、月の光のもとでコロッセオに留まりたいと熱望するデイジー・ミラー嬢も、今なら存在しないだろう。現今では照明の光が月の蒼い光を放逐しているのだから。リチャード・デーキンも、現在なら『コロッセオの花』のような一冊の書物を献じることはないだろう（彼は、「花はおそらくもっとも優美な創造物だ。そして、花が過ぎ去った時代を思いださせてくれるときほど魅力を増すことはない」と書いている）。バイロンは、つとに遺跡の中に咲く花をカエサルの禿頭に置かれた月桂冠のようなものと述べていた。メルヴィルも現在ならば、コロッセオを緑の丘陵に囲まれた谷間に喩えることはできないだろう［図3・4］。メルヴィルは、コロッセオに「ヴァティカン宮殿の瀕死の剣士や戦う剣士などすべての彫像が配置される」ことをを想像していた。シェリーもまた現在ならば、『プロメテウスの解縛』を執筆するために、ミルト、アカンサス、月桂冠の緑に包まれたカラカラ帝の浴場の廃墟を、処女峰のごとく歩くことはないだろう。カラカラ帝の浴場の遺跡の中につくられるカステル・サンタンジェロは、ユベール・ロベールの奇想画（カプリッチョ）のためではなく［図5］、『トスカ』の舞台背景として、大衆を喜ばせるためのものである。もっとも、そのシュルレアリスティックな効果は、見る者によっては、野生の花々に満ちた孤独の、失われた効果の代償と目に映るかもしれないが。

ホーソーンやアーサー・ヒュー・クラフ、あるいはジャーナリストのジョージ・オーガスタス・サラのような人物は、頽廃した都市ローマの姿に辟易したが、それでもなお、彼らを魅惑する側面が一九世紀のローマにはあったようだ。信仰と野趣が溶けあった貴族的で詩的な雰囲気を有する広い庭園がその鍵を提供してくれる。そして、サンタ・マリーア・マッジョーレ聖堂の前には、まるでカンパーニャ地方を思わせる、わずかな家屋と樹木が配された静かな佇まいを見せる平らな土地があった。この聖堂の背後、現在のデプレティス通りの入口近辺には、ヴィッラ・マッシモ庭園への入口があった。サンタ・マリーア・デッラ・ヴィットーリア聖堂とフェリーチェ水道の噴水のアーチとの間には、ピア門へと続く静かな一本の道があって、両側の低い壁はまるでフェッラーラの道を思わせていた。ロルマータ・ディ・カップッチーニ通り［カプチン修道会士たちの楡の並木道］は、かつて隠遁僧たちが瞑想をおこなっていたことを教え、サンタ・クローチェ・イン・ジェルサレンメ聖堂とサン・ジョヴァンニ・イン・ラテラーノ聖堂は、平らに広がる空地にそこだけが高く聳えていた。ピア門の背後のヴィッラ・パトリッツィ、ピンチャーナ門近辺のヴィッラ・ルドヴィージなどには、壮麗で心に安らぎをもらたす糸杉の並木道を備えた広大な庭園があり、パリオーリの松並木があった。ピア門の開口部を過ぎてまもないところに位置するヴィッラ・パトリッ

図3――コンスタンティン・ハンセン《パラティーノの丘から見たコロッセオ》一八四一年
プライヴェート・コレクション

図4――クリストファー・ヴィルヘルム・エッカースベア《コロッセオの内部》一八一五―一六年
プライヴェート・コレクション

図5——ユベール・ロベール
《ラオコオンの発見》一七七三年
リッチモンド　ヴァージニア美術館

ツイを上空から撮った写真は、ピア門の外側にも城壁に囲まれて、珍しいヴィッラをともなった庭があったことを教えてくれる。すなわちそこには、幾世紀にもわたって生い茂った糸杉、松林、常磐樫の林、並木道と彫像に包まれ、常緑樹の香が、植物と太陽によって純化された歴史の香に満たされた緑の帷があった［図6］。このローマは現在はほとんど残されていない。何者かの、熱に憑かれたような近視眼的な建築への投機がこの都市を荒廃させてしまった。まさに「長い時代にわたって美と夢の聖なる地であったのに」と、ダンヌンツィオが『巌頭の処女』(*Vergini dele rocce*)に書いたように。そしてわずかに残ったヴィッラのひとつ、ヴィッラ・アルバーニは現今では周囲を囲む高層の凡庸な家屋に陽光を遮られており、その姿は摩天楼に囲まれたニューヨークのトリニティ教会を思わせる。

ヴァーノン・リーは、ローマの荒廃が極まる一九〇〇年に一文を記して、「現在ほどに、ローマがローマらしくありえたことはこれまで決してなかった。現在ローマ中でおこなわれている解体と建設と発掘と、過去と現在の時と特徴の調和を欠く対照は、永遠で、静謐で、皮肉な性格をローマに帯びさせるだろう」と主張することができると確信していた。そののち、ローマの都市としての容貌は変わり、ローマの、とりわけ郊外の新興地区には、静謐な点はいっさいなく、皮肉な点は不本意ながらそうなり、永遠とは無縁のものが増大している場所が存在しているからには、現在ならばヴァーノン・リーもおそらく、同じパラドックスをあえてくりかえそうとはしないだろう。

しかし、ローマの壮大な遺跡、このローマが誇る至宝はなおも残っている。だがこれらは、かつてフェルディナンド・グレゴロヴィウスが「野蛮な中世のメランコリーに満ちた魅力をいまだ残す、幾世紀にもわたる緑青（パティナ）に覆われて錆びつき、腐敗した都市」と述べた時代のような、朽ち果てたローマと溶けあうことはないし、中世に形成され、ベッリ［一七九一—一八六三］の時代まで継続していた、死せる都市と生ける都市との共生はもはや存在しない。ベッリの時代には、この都市は彼の詩情と同じ香を放ち、無作法と威厳が同居し、皇帝のごとく高貴ではあるが、雑種の言語が話されていた。かつてフロベールが「偉大なる綜合」と呼んだ物哀しさと英雄的なるものがロマン主義的に隣りあっていたのである。現代の家屋と遺跡は、シュルレアリスムの芸術家の作品に見られる「コラージュ技法」のように組みあわされ、おそらく新しい趣好と折り合いがつくこともあるかもしれない。しかし、団体旅行であわただしく遺跡を通りすぎる現今の旅行者にとって、古代のローマによって掻きたてられる感情の振幅は、一九世紀の旅行者よりはるかに小さいものだ、と私はくりかえして述べたい。彼らは、遺跡の中に長い間立ち尽くし、忘我の境地におちいり、その感動は生涯にわたって彼らに深い響きを残したのである。

遺跡に次いで、ローマで称讃されたのは古代の彫像であった。そして彫刻に関しては、趣好はすっかり変わってしまった、と言葉を添えなければならない。現代のアメリカ娘はコロッセオを、かつてデイジー・ミラーが見たのとは異なる角度で眺めることができるだろうが、コロッセオは依然として食欲をそそる名物料理であり続ける。しかしながら、現在、だれが《ラオコオン》や《ベルヴェデーレのアポロン》に陶然とするだろうか。これらの彫像のために、かつて世界中のあらゆる彫刻家たちがローマに集い、ローマに居住区（コロニー）をつくった。これらの芸術家の生活がなければ、ホーソーンの小説『大理石の牧神』が部分的に霊感を得ることはなかっただろう。ローマについて書かれたもっとも魅力に富んだ書物のひとつ、アメリカの彫刻家ウィリアム・ウェットモアー・ストーリーの『ローマの資産』(*Roba di Roma*)も決して生まれることはなかっただろう。現在、これらの彫像については、輝きの失せた真珠について語るように語る以外のことができるだろうか。

松明の光に導かれて、ヴァティカン美術館を夜に訪れるのは「グランド・ツアー」にやってくる英国の貴紳たちの旅程でもっとも主要な出来事だった。しかし、今ではその名残りすら存在しておらず、また夕刻に灯される美術館の現在のネオンによる照明は、かつての照明の、何かしら秘密めいた、神秘的で、妖しげな雰囲気をもつ華やぎとはあまりにかけ離れている。

ジャーナリストであったルイージ・デラトレの『追想』(*Ricordi*)に記されているところによれば、訪問は四時間に及んだ。夜の八時に一行はキアラモンティ美術館の鉄門を通り、新翼廊（ブラッチョ・ヌオーヴォ）に到着した。松明に一斉に火が点けられる劇的な瞬間に立ちあった。松明は、神話の闇から姿を現わしたかのように、荘厳で優美な身振りにポーズを

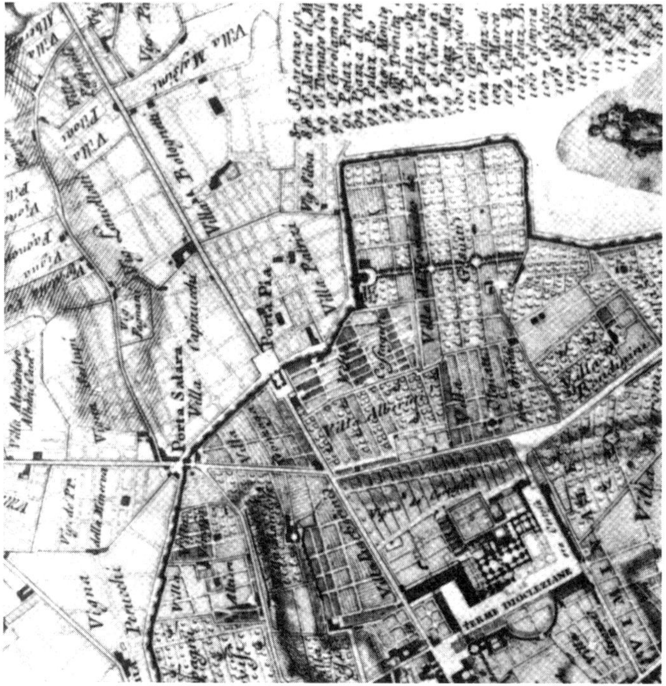
Porta Salara
Porta Pia
Villa Capizuchi
Villa Patrizi
Villa Bolognetti
Villa Massimi
Villa Pitoni
Villa Albani
Terme Diocleziane

図6——ヴィッラ・パトリッツィ（右上）
ノッリ『ローマ新図』（一七四八年［右下］）
ピア門とその通り（上）

とる神々が集うオリュンポス山のごとくであった。松明の炎によって、「彫像は、今にも動きだし、唇を開くかに思え、実際に生きているかのような生命の彩りを持っていた。ウェヌスの両頬は柔らかな紅色にほてり、アポロンの金髪の頭髪は黄金色に光った。あたかも、そこには目には見えないが一人の天才がいて、これらの大理石の神々を、ヴェネツィア派の絵筆の輝かしい色彩でたちまちのうちに飾りたてたと言ってもよいほどだった。そして輝く真紅の色彩から淡い薔薇色にいたるまで、画家が使う、あるいは自然が見せる色調の中で、この大理石を包まぬものはなかった」。案内人たちは巧みに松明を操り、光と闇の戯れの中に、細部を次々と浮きだたせていった。デテトレは、松明の光に現われた《ラオコオン》の姿を次のように記している［図7・8］。「われわれの松明がこのすばらしい群像の周りをめぐると、さまざまな部分の詳細までが顕わになり、もっとも秘められた部分まで明らかにされた。すべての美の一つひとつが示されて、その意味がよく理解された。われわれは、この悲劇的な大理石像が、いま創りだされている、その場に立ち会っているかに思えた。鑿を揮って大理石の塊からこの群像を彫りだし、少しずつ形態と感情を与える、一人の芸術家が目の前にいるように思えた。《ラオコオン》は、ネロ帝の宮殿の廃墟の、まったく手つかずの状態で残されていた宴会用の部屋から、それが設置されていた壁龕とともにもたらされた。その部屋は窓が一切なく、アタノドロスが創ったこの群像は蠟燭の光でしか見られることはなかったという。まさにわれわれが見たように」。

現在、ヴァティカン美術館に所蔵されている大理石像のほとんどすべてが模像であることはよく知られており、われわれは彫像の前を目もくれずに通りすぎる。おそらく、ヴァティカン美術館の中でも、彫刻部門は訪問客がもっとももうわの空で、疲れ切って通りすぎる場所だろう。ヴィンケルマンの法外の熱狂を模範として、バイロンが『チャイルド・ハロルド』の第三歌で、《アポロン》について書いた箇所を読み返してみよう。

それでは、誤ることのない、アーチ下の〈主〉を見よ。生命の、詩の、光の神を見よ。それは人間の四肢をま

図7——《ラオコオン》前二—一世紀
アタノドロス他
ローマ ヴァティカン美術館

図8——《ラオコオンの前の婦人》一七九五年頃
ヨーハン・ハインリヒ・フュスリ
チューリヒ クンストハウス

とった〈太陽〉——その額は戦いの勝利のゆえに輝きに満ちる。その投げ槍は今、放たれたばかりで——その矢は不死なる者の与える罰によって照らされる。その二つの眼と鼻孔からは、美しいかぎりの憤怒と権能と威厳が、燃え盛る雷光を一挙に投げつけ、その眼差しだけで、自らの神性を表わす。

しかし、その繊細な姿形——天より降った不死なる恋人に胸を焦がし、その姿に心を狂わされた孤独なニンフがつくった愛の夢——の内に、理想的な美が、このうえなく超人間的な瞬間に、精神を喜ばせようと与えたもの、そのすべてが表わされている。というのは、あらゆる概念は神の客であり、不死性の光線だったからだ——そして星辰のように神の周りをめぐり、神の中で、すべては再びひとつになろうとしたからだ。

プロメテウスが、われわれを悩ませる火を天上から盗んだのが真であるならば、彼は、この詩的な大理石に永遠の栄光をまとわせる力を与えられた者によって報われた——この像は、死すべき人間の手によってつくられたとはいえ、人間の思惟によって構想されたのではない。そして〈時〉自体がこの像を聖なるものとし、一粒の塵ほどにも損なわれることはなかった——この大理石に歳月が着色することもなく、それをつくりだした炎がいまだに渦巻いている。

同じ彫刻について、ケネス・クラークがヌードを論じた著作(Kenneth Clark, *The Nude, a Study of Ideal Art*, London, Murray, 1956)に述べた箇所を読んで見よう。

この像は、一五〇年前には、疑いもなく、世界でもっとも有名な芸術作品のひとつであった。ナポレオンの勝利を讃えるためにディドが出版した書物のある一ページには、「パリにもたらされたアポロンとラオコオン」とだけ記されている。ラファエッロからヴィンケルマンにいたるまで、芸術家と批評家たち、少なくともわれわれに匹敵する、芸術の精通者たちは、競いあってこの像を称讃した。ヴィンケルマンは次のように述べている。

「これは、古典古代の作品の中で芸術のもっとも高い理想である。読者よ、この具現化された美の王国に汝の精神をもって入れよ。そしてそこで、汝自らが、神的な性質のイメージを造るように努めよ」。不幸にも現今の読者たちには、この王国は閉ざされている。アポロンは三〇〇年にわたって、のちに、ロマン主義の栄光や名声を熱望させたものと同類の盲目的欲求を満足させてきたと想像することができるだろう。そしてその間、われわれの眼は、構成の弱さや弛緩した表面という、純粋な感受性の美学からすれば、他の美的特質を損なってしまうものを見過ごすことができたのだ。有名な芸術作品の中で、おそらく、理念と実際の成果が絶望的なまでに分離されているものはほかにないだろう。そして、もし芸術が新しき生命の特質を帯びるべきならば、理念と成果とは分離されるべきではない、とわれわれが信じるかぎりにおいて、ヴァティカンの彫像は死んでいるのだ。

《ラオコオン》の「パトス」に関して、クラークは次のように観察している。「《ラオコオン》はわれわれの質素な趣好にとってはあまりに重すぎる。そして、われわれはとくに、われわれの先祖たちに不純な素材をたくさん飲みこませたと思われるソースに不信感を抱いている」。

実際に、テルメ美術館に所蔵されている《アフロディテの勝利》と他の数点の彫刻を除けば、現代の感受性に近いと思われる古代の彫刻の傑作はローマには見いだされない。この点にかぎれば、ロンドン、パリ、ミュンヘン、ナポリの方が、少なくともローマと同じか、しばしばローマに勝っている。たしかにローマは、教皇たちやその一族のおかげで、一六世紀には、重要な美術作品のコレクションで飾られた最初の都市だったが、またその散逸を見た最初の都市でもあった。ウリッセ・アルドロヴァンディは、一六世紀のローマで、ファルネーゼ家、メディチ家、エステ家のイッポーリト枢機卿の名のもとに伝えられる主要なコレクション以外に、およそ一〇〇の個人コレクションを数えあげている。たとえばファルネーゼ家のコレクションは、教皇パウルス三世の甥の意図ではローマ市の財産となるはずであったが、一七八七年にパラッツォ・ファルネーゼをあとにしてナポリに移されている。

ところで、『ローマの至宝の芸術』（*Tesori d'arte a Roma*, Roma, Del Turco, 1957）と題されたこの著作［同著の序文として、本論考はプラーツによって著わされた］に選ばれているのは、彫刻よりもむしろ絵画である。現今のローマで、最大の絵画のモニュメントと言えば、壁画作品、すなわち動かせないという物理的な条件をもった、モザイク画やフレスコ画である。もちろんこれらの作品もまた持ち去ることが不可能というわけではないが、その大部分が現在幸いにもローマにあるのは、まさにその大きさのおかげである。システィーナ礼拝堂［図9］、ラファエッロの描いたヴァティカン宮殿の教皇の間［図10］、サンタ・チェチーリア聖堂にカヴァッリーニが制作した蠟画（エンカウスティック）［図11］、サン・クレメンテ聖堂のマゾリーノによるフレスコ壁画［図12］、そしてグエルチーノが描いた《アウロラ》の天井画［図13］、さらにグイド・レーニが描いた《アウロラ》のフレスコ画［図14］。私は、過剰の財力は消費されねばならず、そして美術作品という権威のエンブレムに財力を注ぎこむことほどに実り豊かな消費はない、という経済の法則によって、美術作品がある者の手から別の者の手へ、より豊かな者へ、そしてより権力のある者へと渡っていく傾向がローマにおいてのみ顕著であったと言うつもりはない。人類の記憶するかぎりで、もっとも驚くべき収集家は、トレンティーノ条約に乗じたナポレオンであったが、主にカノーヴァとウェリントンの尽力によって、［ローマの］美術作品は救済されたのである。

しかし、ローマが権力を誇るのは一六世紀中頃までであり、ローマの美術品収集活動（コレツィオニズモ）にもほぼこの時期に終止符が打たれる。それゆえローマには、これ以後、美術作品の傑作はまことに乏しい。偉大な外国人の絵画作品は、一枚のベラスケス、一枚のホルバイン、一枚のルーベンス、一枚のプッサンと、片手の指で数えられる程度である。フランドル、オランダ、イギリスの絵画についてどうかと言えば、かろうじてフランドルとオランダの絵画のみで、イギリス絵画は皆無である（ヴァティカン宮殿の絵画館（ピナコテーカ）にジョージ四世の肖像画が所蔵されているのは、趣好の歴史というより

図9——ミケランジェロ
《アダムの創造》一五一二年
ローマ　ヴァティカン宮殿　システィーナ礼拝堂

図10――ラファエッロ
《パルナッソス》一五一一年
ローマ　ヴァティカン宮殿　署名の間

図11――カヴァッリーニ
《最後の審判》一二九三年
ローマ　サンタ・チェチリア・イン・トラステヴェレ聖堂

図12――マゾリーノ・ダ・パニカーレ
《聖女カタリナと哲学者たち、車輪の奇跡》一四二八―三一年
サン・クレメンテ聖堂　サンタ・カテリーナ礼拝堂

図13——グエルチーノ《アウロラ》一六二一—二三年
ローマ　パラッツォ・ルドヴィージ
カジーノ・デッラ・アウロラ

グイド・レーニ
図14——《アウロラ》 1612-14年
ローマ　パラッツォ・パッラヴィチーニ・ロスピリオージのカジーノ

むしろ外交と関連づけられる珍しい例である［Lamberto Donati, *Un incidente romano di Thomas Lawrence*, in *English Miscellany*, 2, 1951］）。極東の美術作品については口に出すのも憚られる。つまり、パラッツォ・ブランカッチョの収集も、パリ、ロンドン、そしてアメリカのそれと比較すればとるに足りない。しかし、なにより目につく大きな欠陥は、一九世紀の外国の美術作品が皆無であることだ。よく知られているように、ディエゴ・マルテッリを唯一の例外として、印象派の大作が一点すらないことは、イタリアの権威ある美術批評が印象派に対してまったく盲目であったことを物語っている（次の著作のロベルト・ロンギの序文を見よ。John Rewald, *Storia dell'impressionismo,* Firenze, Sansoni, 1949, p. XVII）。イタリアで近代絵画を購入しようとしても、本物と偽物とを区別することもできず、結局フランツ・フォン・シュトゥック、アンデシュ・ソーン、スロアガといった画家たちの作品を選ぶことになった。遅まきながらわれわれの考えを明確にし、驚くべきこれらの欠陥を糺そうと望んだときには、その手段が欠けていた。一枚のモディリアーニの作品の購入でわれわれの美術館一館の購入予算が尽きることもありうるのである。

それゆえ、世界の高名な絵画館と肩を並べることができる絵画美術館は（すばらしい壁画の美術館であるヴァティカン宮殿を別にすれば）ローマにはない。私はここで現代の趣好の観点に基づいて述べている。一九世紀の初めには事情は異なっており、ボローニャ派の画家たちが称讃されていた。すなわち、グエルチーノ、カラッチ一族、レーニ、そしてドルチ、サッソフェッラート、中でもレーニ、「甘美きわまりない」グイド・レーニである。数年前にボローニャで開かれた展覧会で明らかにされたように、レーニは偉大な画家であるが——正直に言えば——二流である。しかしながら、一九世紀初頭に人々を夢中にさせたのはレーニであった。ホーソーンやメルヴィルが、自ら消しがたい印象を受けた、いわゆる《ベアトリーチェ・チェンチ》［図15］の複製をローマに見いだすことができずに驚いたのも無理はないのである。

デヴォンシャー公爵夫人エリザベスがイタリア滞在時代に著わした日記はチャッツワースに手稿が残っており、この時代の趣好を典型的に伝えている。それは一八一六年から一八年にかけて記されており、例として挙げるにふ

図15——一七―一八世紀の画家（かつてグイド・レーニに帰属）
《少女像》（かつてベアトリーチェ・チェンチの肖像とされた）
ローマ　国立古代美術館

図16——グイド・レーニ
《この人を見よ》一六三九―四二年頃
ケンブリッジ　フリッツウィリアム美術館

図17——グイド・レーニ
《ホロフェルネスの頭を手にするユディット》一六二六年
ジュネーヴ　ゼドルマイアー・コレクション

さわしいのは次の一文である。

ローマ、一八一六年一二月一一日。……それからパラッツォ・コルシーニに赴く。しかし遅く到着したために、ローマでもっとも美しいコレクションのひとつと数えられるものの一部を観ただけだった。グイド・レーニの《この人を見よ》[図16]、そして名高く、まことに美しい洗礼者ヨハネ[本当はホロフェルネス]の頭部をもった《ユディット》[図17]。私にはあらゆる価値がこの作品に集まっていると思える。……

数日後にパラッツォ・コルシーニに戻ったエリザベスは、グイド・レーニの《ユディット》とムリリョの「稀な、美しい」作品を再び愛でている。同じ趣好は、パラッツォ・コルシーニの絵画作品の中で、「カルロ・ドルチの同主題の作品よりも苦悩に満ち、しかし神聖さにおいて劣ることのない」、グエルチーノの《この人を見よ》に圧倒されたモーガン嬢に見いだされる（パラッツォ・コルシーニには名声を競った［同主題の］三点の《この人を見よ》が収蔵されていた。すなわち、一八五〇年に刊行されたマリーの旅行案内記に「彼の中でもっとも表現力に富んだ作品」とされたグエルチーノの作品、レーニの先の作品、そしてドルチの作品の三点である）。一八世紀にあって明晰な頭脳を持っていたモーガン嬢やデヴォンシャー公爵夫人は、ほかのどの作品よりもドメニキーノの《薔薇の聖母》の購入に高額を支払ったバーリントン卿や、ルドヴィーコ・カラッチは完璧に近いと述べ、グイド・レーニが美に寄せる理念は「いかなる画家よりも優れている」と言明したジョシュア・レノルズと同様に考えていたのである。一八四一年、ベルナルド・ベッリーニは『カッロマツィア』（*Callomazia*）第一二歌でボローニャ派の画家たちを讃えて次のように注記している。「古代の人々のあと、最高の卓越さを示した最初の人々は、アンニーバレ、ルドヴィーコ、そしてアゴスティーノの三人のカラッチ、これら模範的な自然らしさと優美な技芸を具えた画家たちである」。以下の詩文は、当時の趣好の証言となるだろう。

選ばれた深い才知をもって、長きにわたり技芸をみがき、ボローニャの巨匠たちは、雄弁で霊妙なる絵画の中に、卓越をきわめる。いまや古代の芸術家よりも軽やかに、観想する〈想像〉の女神は飛びたつ、一本の花の三重の萼にとまる蜂のように。そして、三人のカラッチに頭を垂れる。そこでは、幾千の者たちも色あせる、そしてギリシアの精神もまた。

そして、哀れなペッリーニとは異なる気質を具えたエミリー・ディキンソンは次のように歌っている。

これらこそ、グイド［・レーニ］を挫けさせ、
ティツィアーノの口を閉ざし、
ドメニキーノの画筆を落とさせて、意気消沈させる
［カラッチ一族の］ヴィジョンである。

一九世紀中頃まで蒐集することができる、ボローニャ派の天才たちへの捧げられた讃辞集（その最初の反駁者の一人はラスキンである）は、きわめて広範囲にわたるだけではなく、また驚くべきものである。すなわち、われわれはそこに、ラファエッロよりグイド・レーニを好んだトビアス・ジョージ・スマリットや、シェイクスピアにグエルチーノを比肩させたスタンダールの名前を見いだすのである。

もしその当時にローマの至宝の芸術の図版を選んでいたならば、現在とは随分と異なっていただろう。そして、われわれがおこなった選択よりかなり限定されることは確実だろう。というのは、その時代には、絵画芸術の最初の吃音的不完全性と考えられていたカヴァッリーニとシモーネ・マルティーニの絵画のような多くの作品が除外さ

れるであろうが、他方でわれわれは、レーニやカラッチ一族、グエルチーノを、構図と色彩に関する至上の画家とは見るわけではないが、排除はしないからである。しかし、ローマに、ほかの芸術におけるのと同じように絵画のメッカを見ようとした独善的な趣好は過去に属するものである。そして現在の趣好に従うならば、ローマは、たしかに高貴きわまりないが、限定された抜粋しか提示しえないのである。

（一九五七［伊藤博明訳］）

ローマのフランス人

フランス人とローマとの最初の出会いが好ましいものであったとは言いがたい。当時のフランス人といえばガリア人という名前が示すとおり、雄鶏（ガッリ）のようなものだった。それに対するカンピドリオの丘のローマの支配者も、鵞鳥のように頭が空っぽで、それでもガリアと接触するときにかぎっては礼儀正しくふるまったのだが、うまくはいかなかった。それにしても、ローマから受けた以上のものをローマに与えたと言える国はどこだろうか。無礼とも言える幾多の蛮行を重ねながら、その代償として、ローマは豊かになり、力を蓄えた。芸術家たちがローマをそのように描いたためであり、そこにフランス人の貢献があったことは認識しておかねばならない。一方には、アナーニの屈辱事件やシャルル八世の侵略などもあった。ローマを劫掠したブルボン公も、率いていたのは皇帝軍であったけれど、フランス人であったのだ。ルイ一四世やナポレオン軍の横暴な振る舞いが、罪を贖うべく建てられていたモニュメントを貶めたこともあった。モニュメントはそれぞれ、一六六三年の教皇傭兵隊の愚行と、一七九七年のルンガーラ通りの暴動にさいしての、教皇庁の高官による若きデュフォ将軍の殺害に起因する。フェルディナンド・ジェッラによって見いだされ、はじめて出版された「華々しい償い（レパラシオン・エクラタント）」にまつわる手厳しい論評（『デュフォ将軍の死と一七九八から九九年にかけてのローマ共和国』[Ferdinando Gerra, *La morte del generale Duphot e la Repubblica Romana del 1798 - 99*, Roma, Edizioni Palatine, 1967]）と、シャトーブリアンがフォンテーヌに宛てた有名な手紙とを、天秤にかけてみようではないか。シャトーブリアンの手紙にはこう書かれている。「ローマの地平線に勝る美はありません。クロード・ロランの風景画［図1］に描かれた光は自然の光線よりも美しくて理想的に思えるとあなたはおっしゃいましたね。そう、それがローマの光なのです」。詩人のこの言葉の方が、征服者がおしつけた「条約（ディクタート）」よりもはるかに重い。プッサンやロランが画布に描いたローマの秘めたる魅力は、幾世紀にもわたって目の前に示されている。反面、贖罪のモニュメントのうち、ルイ一四世が所望したピラミッドは四年しか存続しなかった、というより、どこに建てられたかすら判然としない。ルンガーラ通りの事件の証人たる円柱は一八四九年まではあったらしい。が、この年、おそらくウディノ将軍率いる部隊の、教皇の世俗的権力を擁護しようとしたローマ入城ののち、フランス大使館との合意により撤去されたのである。

風景を創出するのは芸術家である。大衆がおぼろげと感じとるにすぎなかったもの、自力ではどうしても発見するにいたらないものを、しっかり見えるように目を肥やす手助けをしてくれるのも芸術家である。そしてローマに関するかぎり、風景を創出したという意味においても、また大衆の目を肥えさせたという点でも、フランス人が貢献したことは見逃せない。ローマの空がすばらしいその理由をペンや絵筆で伝えることはできなくても、すばらしいと感じることは誰にでもできる。しかし、以前のローマが見せていた、壮麗な側面と猥雑な側面とのコントラストから生ずる、えも言われぬ全容を最高のものとして味わいうる者はごくわずかしかいない。ローマの場合それに気づいたのがフランス人だけだったというわけではないが、高らかな声のいくつかが、やがて大合唱へと結実するのに一役買ったのである。

一九世紀半ばのイギリスの詩人アーサー・ヒュー・クラフと同じ観点に立つのはたやすいことだ。「帝国の、芸術の、愛の国、汝が我に示さんとするものは何なのか。見上げれば神々が歩みを進めるべく天空が広がる一方で、足元には豚どもの大地とは。いかなる場所にあっても、いかなる形態、いかなる種類のものにあっても、思考が到達しうる限度を超えて、美と醜、崇高と俗悪が組みあわさっている」。この組みあわせの中に、下品なものではなく、何か気持を高揚させるようなもの、聖女ローザ・ダ・リマ［一五八六―一六一七、ペルーの神秘主義者、別名イザベラ・フロレス］の、あのなんとも名状しがたい神秘的な恍惚(ラプトゥス)にも似た形而上的な総合を探ろうとしたら、それは容易なことではない。クラフの感じ方は、いかにも近代的なもの、すなわち、今日、たとえばシュルレアリスムといったある種の芸術形態を方向づけるまでに流布した一九世紀のロマン主義的感性の指標であり、言うなれば芸術至上主義そのものなのである。美術批評家チェーザレ・ブランディが、アルベルト・ブッリについて、乏しさを限りなくくりかえすうちに生まれるある種の崇高さを具えていると記したことが思いだされよう。

ブッリの絵画から最初に受ける印象は忌まわしいものであるかもしれない。フォートリエの絵画についても同じことを言いうるだろう。いずれの作品も、病院の汚物置き場の印象を与えるのだ。ローマもまた同じように、訪れる者たちにまずは不快な吐き気を催させることが、実にしばしばであった。ユベール・ロベールは、つとに、ファンタスティックなローマの風景画の中に卑賤なものを描きこんでいた［図2］。教会正面の階段にはうす汚ない乞食たちが屯し、洗濯女たちは、女神たちの水浴用につくられた水盤の中で汚れものを洗い、凱旋門のアーチ部分に洗濯物を干している。こうして彼が当初手本としたジョヴァンニ・P・パンニーニの「理想化された風景」［図3］に新たな香辛料を加えたのである。ジャン・J・アンペールは、うらぶれた界隈、廃墟と化した遺跡、壊れた円柱にからみつく葡萄の蔓が好きだった。コルソ通りの歩きづらい歩道が撤去されてしまったのを、彼は嘆いたものである。古代の円柱の破片につまずくと、思いがけず過去と触れあうようでかぎりない夢をかきたてられたのに、このように滑らかなパリの通りのようになってしまったのでは、歩道を歩く愉しみも皆無である、と。

ドレクリューズも、はじめのうちは「不潔で悪臭を放つ」ローマの道に辟易し、サン・ピエトロ大聖堂に幻滅し、フォロ・ロマーノの雑然とした光景にうんざりしたのだが、ついにある日、コロッセオの優美さに開眼した。墓場を思わせる静けさに包まれた古代の拳闘士や殉教者のイメージの虜となり、以来、ローマを見る目が変わった。シャトーブリアンは、遺跡を見るとかつて味わったことのない悦びに魂が浸されるのを感じる。彼にとって、ローマ

図1——クロード・ロラン
《行進する人びとがいるデルフォイの風景》一六五〇年
ローマ　ガッレリア・ドリア＝パンフィーリ

図2——ユベール・ロベール
《古橋》一七七五年頃
ワシントン　ナショナル・ギャラリー

図3——ジョヴァンニ・パオロ・パンニーニ
《オベリスクのある廃墟》一七四〇—五〇年
ドローム　ヴァランス美術館

の祭は「死を悦楽と結びつける古代の詩の何ものか」を持つである［図4］。どのような風景に出会っても常にその背後に自らの墓を見ることを彼は好んだ。思考のそうした展開に、ローマは実に好ましい働きをしたのである。スタンダールもまた、とりあえずは幻滅した。都へ入る城門として、ポポロ門ほどみすぼらしいものは見たことがないように思えた。しかし、のちにはこう語るにいたる。「ローマにやってきて二カ月目には、時に退屈を覚える。だが、一〇カ月目になればそのようなことはない。一二カ月目にはずっとここにいられたらよいと思うようになる」。最初は嫌気を催すが、やがてむさぼるように受け入れたくなり、ローマに滞在した結果として生命の力がいや増していくのを感じるのは、一九世紀の芸術家たちの大半に共通して認められる現象である。その極みは、ホーソーンの『大理石の牧神』第三六章に認められる。罵詈雑言が、その章の終わりで、唐突にローマ讃歌へと転ずるのである。アングルを継いでローマのフランス・アカデミー会長となったヴィクトール・シュネッツは、塵の回収が制度化され洗濯物を窓に干すのが禁止されたりしたらローマを離れたくなるだろう、とまで言った。そんなことになったら、芸術家や好事家や僧侶たちの愛した古きローマが存在しないことになってしまうだろうから、と。博物館を毛嫌いしていたルナンでさえ、ローマでは古きものが、年月が流れ世代がかわるうちに、その時代に適した存在意味を持つのをよしとしていた。今日おこなわれている考古学的修復作業には当然、異議を唱えたであろうけれども。

卑賤と崇高、醜悪と壮麗のコントラストの構図を完成させるべく、フランスは、一八世紀後半、「自らの汚れを丹念に育む」聖ベネディクト・ラブルなる人物をローマに献じた。長髪のローマ守護聖人たるこの人物像は、モーリス・アンドリューが『ローマのフランス人』（Maurice Andrieux, *Les Français à Rome*, Ed.Fayard, 1968）の中で、他の大勢のフランス人旅行者たちの姿とともに紹介したものである。この著書は、ベルトー、ジャン・ドルメッソン、ディエーゴ・アンジェリら先達の研究をもとに、ローマに滞在したフランス人たちの全貌を見せてくれている（一九六一年にパラッツォ・ブラスキで開催された、まさにこのテーマを扱った見事な「ローマのフランス人」展をローマの人たちは覚えているだろう）。アンドリューがイタリア語をほとんど知らないために、彼の著書には山ほどの誤植があり、あやふやな

図4——ヴィルヘルム・マルストランド《秋の行楽祭》一八三九年
コペンハーゲン　トルヴァルセン美術館

ところが多いのは残念である。これがイタリアについてたくさん本を書いている著者のものであること、「大歴史叢書」(Grandes Études Historiques) の一巻としておさめられていることは驚きである。イタリア人の苗字で間違っていないものはないくらいである。ラブルの肖像画を描いたとされる画家の名前カヴァッルッチがカヴァルカとなっているのに始まって、枢機卿パッシオネイはパッシオーニ、パンポッラはランポッロ、アルガロッティはアルガローリ、グイッチャルディーニはジュッカルディ、ニョーリはジョーリ、メタスターゼはメラスターゼ、聖カテリーナはカラルマ、ガッレーゼ公爵夫人はガッレアーゼといった具合である。苗字だけではない。モッレ橋はモッロ橋、ポンテ地区リオーネがポンテ川リオ、レゴラはリゴラ、カノーヴァの故郷ポッサーニョはパッサーニョ、クワットロ・フォンターネ通りはクワットレ・フォンターネ通り、サンタ・マリーア・イン・ラータ聖堂はサンタ・マリーア・イン・ラッタ聖堂、サンタンドレア・デッレ・フラッテ聖堂はサンアンドレア・デッラ・フラーテ聖堂、「カヴァリエーリ・セルヴェンティ（扈従の騎士）」がセルヴァンティ、「テスティッチョーラ（屠殺した家畜の頭）」がテスティッチノーラ、「ビルバンティ（ぺてん師）」がバルバンティ、「カウザレッラ（つまらない理由）」がカウザヴェッラとなっている、等々。単純な誤植には枚挙にいとまない。間違いのリストがこのあたりで終わりになるのなら、ひょっとして植字工の責任かもしれないという気がしてくる。しかしながら、「プルタルコス」と書くべきところを「ペトラルカとタキトゥス」（一九二ページ）としているのだから、植字工のせいとはとても言えまい。ほかにも、一七九八年にナポリ王ミュラが教皇領国家を侵略した（二一四ページ）とか、あるいはナポレオンの母マダム・メールの葬式行列がパラッツォ・ボナパルトのあるヴェネツィア広場から目と鼻の先にあるサンタ・マリーア・イン・ラータ聖堂までいくのにナヴォーナ広場を通った（二八一ページ）とかいう始末である。スタンダールに関する誤りも多いのだが、一八四二年に没した彼がカヴールを一八六一年に訪ねている（三三七ページ）し、「外国産の馬（バルベリ）」の競走が、「床屋たち（バルビエリ）」の競走となっている。もっとひどいのは次のような文章である。「カノーヴァは、レカミエ夫人に、完成した彼女の胸像を示しながら『あなたとは思わずにご覧ください（Mira si no pensata a lei!）』

と言ったという」。注目すべきは、他の箇所を読むと、「バルベリ」が外国産の馬であることをアンドリューがよく認識していたのが立証される（三九一ページ）点である。ミュラが一七九八年にナポリを支配していた（実際に教皇領国家を彼が侵略したのは一八一五年）と思いこんでいたのだろうと、まさかそこまでアンドリューを馬鹿呼ばわりするわけにもいかないだろう。とすれば、どう言うべきか。イタリアの言葉すら満足に知らないままにイタリアを語ろうとしたお調子者、とでもいうことになるのだろう（この記述をめぐってアンドリューがプラーツに宛てた手紙がある。その中でアンドリューは著書の出版が一九六八年五月、パリが学生運動の混乱の中にあった時期であったことをあげて弁解している。「出版にかかわる者、とりわけ校正者が作業に専念できるような」環境ではおよそなかった、というのがその理由である）。

（一九六八［白崎容子訳］）

ピラネージとフランスの芸術家たち

ローマで最近開催された、ひとつは国立銅版印刷所（カルコグラフィア）を、もうひとつはヴィッラ・メディチを会場とした展覧会（とりわけヴィッラ・メディチの展覧会）は、ピラネージに対する関心を研究者にも大衆にもいま一度かきたてる機会となった。一七七八年に没したピラネージの没後二〇〇年に先駆けてのことである。芸術家は自らの中に閉じられた、ほかの誰とも融合することのない世界を持つという考えを受けいれるならば、なんの問題もない。ピラネージはピラネージ、それだけのことである。北イタリア出身者の視覚をローマの古代に向けたこのヴェネト人は、暗闇、光、廃墟、そして壮麗さに心を動かされ深い印象を受けた。そこで彼が、ローマの古代を再創造して、同時代の人々の目に示したものはまるで新しい光景であった。ピラネージ以前には、廃墟は、芸術家にとって「虚栄（ヴァニタス）」という教訓的な概念と綯い交ぜにされた哀歌のモティーフであり、自然に対して自然が加えたモティーフであった。それは不思議な洞窟、山々の頂、岬の形態にも似て、人間の営みが石化した断片と言えるものであり、アルプス以北の人々の想像力をいたく刺激していた。ローマの廃墟を北方の画家マールテン・ファン・ヘームスケルク［一四九八―一五七四］が一五三二年にはじめて素描に表わして以来［図1］、ピラネージにいたるまでは、「廃墟」というジャンルは緩慢な進展を見てきた。バロック人は奇矯（ビザッロ）や機知に富んだ逸脱を、さらには変形し朽ちはてた事物にさえも（死のエンブレムたる骸骨にさえも）意表をつく美を宿す対比（コントラスト）を好んだのである。一七世紀に大挙してローマにやってきたフランドルの画家たちの間には、こうして風景画の中に廃墟を描きこむ慣例が広まり、絵画のこの新しい題材を描くさいの規則を定める人物すら現われた。ヘラルト・デ・ライラッセ［一六四一―一七一一］は一枚の絵に、墓碑、記念碑、石碑を「その数をやたらと増やしたり、同じものをいたずらにくりかえして描くことなしに、背景の広がりにすぐれた効果が生まれるように」配置しなければならないと論じている。ところがピラネージは、同じ要素を増殖させること、反復することによって、廃墟に、とりわけその作品《牢獄》［図2］において、圧倒的で強迫的なまでの効果を与えた。この効果によって、ビビエーナ一族やユヴァッラ一族の伝統であった風景画のひとつの方策は、眼への単なる楽しみから内的風景の探究へと高まったのである。

　こうして、《牢獄》の作者の芸術が、とりわけ文学に刺激をもたらすことになったが、他方、版画や絵画への影響は、文学に対するほど深い影響を及ぼすにはいたっていない。ピラネージ以前にさまざまな様式の奇矯な複合と混淆が存在していた（ヴェンデル・ディッターリン［一五五〇／五一頃―九九］、フィッシャー・フォン・エルラッハ［一六五六―一七二三］）ように、ピラネージ以前にも複雑で奇異な風景画が存在していた。しかしながら、螺旋階段というモティーフをともなう心理学的探究という新しい領域が生まれたのは《牢獄》によってであり、それをトマス・ド・クインシー［一七八五―一八五九］の『阿片常用者の告白』（一八二二）の有名なページが際だたせたのである。この古代風の混淆、すなわちピラネージの『暖炉装飾の多様な手法について』（一七六九）に表わされた、エジプト、ローマ、そして自然界のモティーフの自由な集成［図3］によってのみ、ピエール＝ジャン・マリエット［一六九四―一七七四］風の直截な純正主義（プリズモ）を矯正する幻想性の出現が可能となったのである。なお、この幻想性はやがて、新ゴシック主義の段階を通じて一九世紀の建築を堕落させるにいたる、あの折衷主義の根源となる。ピラネージは、新古典主義の先駆者である以上に、バロックの、そしてまさにマニエリスムの潮流の最後に立つ芸術家である。エミール・カウフマンはピラネージを「冷凍保存されたバロック的人間」と呼んでいる。ピラネージは、新ヘレニズム主義の単調さと晴朗さに、モティーフの混淆を対置させた。『建築への意見』にかかわる彼の一枚の素描は、その

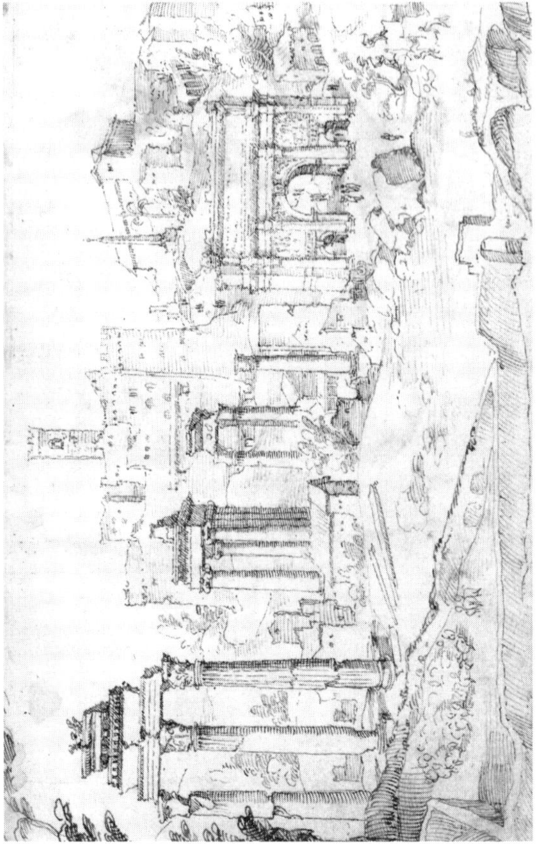

図1——マールテン・ファン・ヘームスケルク
《パラティーノの丘を望むフォロ・ロマーノ》(79D2 6v)
《柱頭、コロッセオ》(79D2 28r)
ヴィーン　アルベルティーナ図書館

図2——ピラネージ《牢獄》

図3——ピラネージ
〈ローマのイギリス人たちのカフェのための装飾〉
『暖炉装飾の多様な手法について』所収

複製がヴィッラ・メディチで開催された「ピラネージとフランスの芸術家」展のカタログ中に作品番号一五二として掲載されている。それは、パッラーディオ風の壁体をチロル人ハインリヒ・マイリンク［イタリア名アッリーゴ・メレンゴ］の彫刻が息つくまもないほどに覆う、ヴェネツィアのサン・モイゼ聖堂の、過剰なバロック的ファサードを想いおこさせる。そして、この素描には、異質な要素がそれぞれ一組とされて、対称となるように配列されているのだが、要素の組みあわせとプロポーションの関係は恣意的でしかない。フランス人ジャン＝ロラン・ルジェ［一七一〇—八八頃］の『壺』のタイトル・ページも、さまざまな要素が過剰である点ではひけをとらない。カウフマンはルジェのコレクションがピラネージのそれに先行するものと考えているが、誤りである。ルジェに影響を与えたのがピラネージであることは、このフランス人による『建築の幻想』からも証明される。それに含まれた、冷笑を浮かべて座るスフィンクスのモティーフを、展覧会カタログは「おそらくティエポロの銅版画の習作から発想を得ている」と述べているが、それは、ヴェネツィアのサンタ・マリーア・グロリオーサ・デイ・フラーリ聖堂にある、バロック時代のヴェネト人の傭兵隊長の墓碑を支える一瘤駱駝よりも古典的ということはないのである。

しかしながらピラネージには、新古典主義の表現の中にエジプトやエトルリアのモティーフ——スフィンクス、ピラミッド、オベリスク、石棺——をもたらした以上の功績がある。エスコリアル宮殿のためにジャン・デモステーヌ・ドゥグール［一七四九—一八二五］が構想したエジプト風の装飾（カタログでは一三八ページに天地逆に複製されている）に、ピラネージの『暖炉装飾の多様な手法について』中の「イギリス人たちのカフェ」のそれが模倣され、あるいはジョゼフ・ヴェルネ［一七一四—八九］の巨大な錨にも、ピラネージの《ローマ人たちが石の板を引きあげるために用いた梃子》の図版がある程度着想を与えた。そればかりでなく、ユベール・ロベール［一七三三—一八〇八］がローマで啓示をうけた逆光の効果をパリの風景に応用したのも彼の影響である。ディドロは穀物置場と日常の農作業場に転用された《あるパラッツォの廃墟》が放つ、崇高さと豊かさ、そして荒涼さの混淆を正しく称讃している。ピラネージの空間をとらえる感覚、下から見上げ、あるいはアーチや橋の下から捉える視角によって巨大な建

図4——ユベール・ロベール《ローマの幻想》一七八六年 東京 国立西洋美術館

図5——ジョヴァンニ・バッティスタ・ピラネージ《皇帝ネロの水道橋跡》一七六〇年頃 パリ 国立図書館

図6——ピラネージ『ローマの古代』第一巻の扉絵
図7——ピラネージ『ローマの古代』第二巻の扉絵

図8——ジョン・マーティン《ベルシャツァルの祝宴》一八二六年

図9——クロード＝ニコラ・ルドゥー《ショー市の市場の遠近法的な景観》一八〇一年頃 パリ 国立図書館

図10——ジョヴァンニ・バッティスタ・ピラネージ《古代ローマのカンポ・マルツィオ》一七六二年

IL CAMPO
MARZIO
DELL'ANTICA ROMA
OPERA
DI G. B. PIRANESI
SOCIO DELLA REAL SOCIETÀ
DEGLI ANTIQUARI DI LONDRA

築を示す手法、さらに無限を示唆するために同一のモティーフを次々と増殖させる方法は［図4・5］、シャルル・ド・ヴァイイ［一七二九―九八］に刺激を与え、ジェノヴァのパラッツォ・スピノーラに、鏡の戯れによって、円柱、飾り迫縁、そして香煙のたちのぼる壺の連なりが遠近法的に消失していく、どこまでも奥に続く装飾を出現させた。この装飾はピラネージの《古代神殿の玄関前柱廊》に比肩されるものであり、その示唆は現代においても反響を残している（［アラン・レネ監督、ロブ＝グリエ脚本］『去年マリエンバードで』［一九六一］中の「鏡がある、廊下がある、……」）。ランベール＝フランソワ・カマ［一七四三―一八〇四］の想像上の都市の遠近法的な景観は、『ローマの古代』（*Antichità Romae*, 1748）の第二巻および第三巻の扉絵［図6・7］に想を得て生まれた。だが、さまざまな建築を結ぶ橋という表現はまた、考古学的な再構成という以上に、アメリカ人エラスムス・ソールズベリー・フィールド［一八〇五―一九〇〇］がのちに構想する古典主義的な摩天楼の都市（《アメリカ共和国の歴史的建築》、一八七四年、マサチューセッツ州、スプリングフィールド、美術館）により近い。つまり、頂を鉄道の高架橋で結ばれた塔の側面は円柱で覆われ、望遠鏡の形のように先端が細くされているのである。ピラネージの見果てぬ夢の続きは、いささか画一的ではあるが、ジョン・マーティンの《ベルシャツァルの祝宴》［図8］に描かれた柱廊に現われている。この作品からルイーズ＝フランソワ・プティ＝ラドル［一七四〇―一八一八］の《馬車と馬のいる空想上の大建築》やド・ヴァイイが再構成した《ソロモンの神殿》にさかのぼることは可能であろう。この作品は、ピラネージの《カンポ・マルツィオ》（一七六二）のいくつかの図版に基づいている。《牢獄》は、たとえばルイ・コム［一七五四―一八一八］が設計した刑務所の「語る建築」（道徳上の、あるいは寓意上の綺想によってつくられた、否、デフォルメされた）に、あるいは「埋葬された建築」の例である、有名なエクスにルドゥーが構想した建築に先駆けている。一方、同じルドゥーの《ショー市の市場の遠近法的な景観》［図9］は《カンポ・マルツィオ》のネロによる中庭（ヴィリダリオ）の扇型に広がる配置を思わせる［図10］。もう一人の革命的で高名な建築家ブーレー［一七二八―九九］の「影の建築」の理念がピラネージに負っていることは言うまでもない。しかしながら、これらの建築家たちが構想をめぐらした一八世紀後半においては、施主の多くは個人であり、その趣好は概してアンジュ＝ジャック［一六九八―一七八二］らガブリエル一族の様式にとどまっていたために、建築家たちは妥協を余儀なくされている。ピラネージの夢を現実に移すことができた唯一の建築家は、トマ・ド・トモン［一七五四―一八一三］であり、彼がサンクト・ペテルブルクに建てた証券取引所は、船嘴装飾がほどこされた円柱とともに、その姿をいまもネヴァ河の水に映している。（一九七六［伊藤博明＋上村清雄訳］）

略奪

マッツァリーノ枢機卿の補佐秘書官を務めていたブリエンヌ公は、彼の『回想録』の中で、この枢機卿の生涯最後の日々に、パリにある彼のパラッツォに滞在していたとき、「やつれ切ったようにスリッパを引きずる」老人が近づいてくるのを感じて、綴織りの背後に隠れたと述べている。「そして私は、彼が『これらすべてを手放さねばならぬとは』と言うのを聞いた。彼はとても衰弱していたので、一歩一歩立ち止まり、あちらこちらに寄りかかりながら、眼前に現われる事物をしっかりと見据えて、心の底から呟いた。『これらすべてを手放さねばならぬとは、わしがいくところでは、もう見ることはかなわぬ』」。枢機卿の表情に心を動かされて、ブリエンヌ公が深い溜息をつきながら姿を現わすと、枢機卿は近づいた公に弱々しい声で言った。「手を貸してくだされ。わしは立つのもままならぬほど弱っておる」。それから、彼は座ろうともせずに続けた。「友よ、ご覧なされ。あのコレッジョの絵を、ティツィアーノのヴェヌス［参考図1］を、カラッチの例えようのない洪水を……。ああ、哀れな友よ、これらすべてを手放さねばならぬとは。さらばじゃ、なによりも愛した、金もつぎこんだ絵画たちよ」。一九六九年にシチリア銀行から刊行された好著『パラッツォ・マンチーニ』（*Palazzo Mancini*）——この歴史は枢機卿の生涯と結びつけられている——において、建築家のアルマンド・スキャーヴォは、マッツァリーノの経歴を想い起こしながら、ブリエンヌ公の『回想録』から上述の章句だけを再録して、パリのパラッツォ・マッツァリーノは芸術作品に満ちており、枢機卿は「自らの死とともにこうした作品の享受も終わるという思いに打ちひしがれていた」と述べている。しかしながら、この逸話の中には、スキャーヴァが精力的に想い起こさせている「マッツァリーノ家」の波瀾万丈の経歴よりも、マリア・マンチーニ・コロンナが墓石に刻ませた「マリア・マンチーニ・コロンナ、塵と灰（Maria Mancinia Columna, Pulvis et cinis）」という簡明な碑銘を除けば、世界の事物についての最終的な興趣が存在している。この婦人マリア・マンチーニは、もしマッツァリーノが、国家の事情から姪と太陽王との華麗な婚礼を賢明にも阻止しなかったならば、フランス王妃になりえたはずだった［図2］。

人間は塵と灰であり、事物もまた同様である。すべてとは言わないが、この前の戦争［第二次世界大戦］のときに破壊された多くの芸術作品がこうむった運命はそうであった。人間は自らの至宝に、マッツァリーノのように、「さらば、愛する絵画よ」という悲痛に満ちた言葉で挨拶を送る。しかし、貴重な調度品を奪われたパラッツォ自体の悲嘆については、誰が語りうるだろうか。ローマ通りにあったパラッツォ・マンチーニは、とりたてて多くの災難をこうむったわけではない。それは、一七二五年から一八〇三年までフランス・アカデミーが本拠地としており、ブリエンヌの有無を言わさぬ脅迫のもとで、収支表に載せられたパラッツォの数のうちに入っていたにもかかわらず、一七九九年、英国－ナポレオン軍によって、あまり価値のない芸術作品が略奪された（パラッツォの調度品はローマの他の有名なパラッツォと比べて豊富だったわけではなく、現在残っているものもとりたてて重要ではない）。この略奪が起こったのは、ナポレオンが第一執政官だったときで、彼は、エトルリア王国［ナポレオンが一八〇一年にトスカーナ大公国を改組］の「無能王」、スペインのカルロス四世の娘マリア・ルイザを娶っていたパルマ公の子息ルイージ一世と、ヴィッラ・メディチをパラッツォ・マンチーニと交換する交渉に入った。この取引において、トスカーナは「フランスがこの捧げものを珍重して、彼らの友情と交換する」という希望に慰めを見いだしながら頭を垂れねばならなかった。ヴィッラ・メディチには、カルロ・ライナルディが建てたパラッツォ・マンチーニの少なくとも五倍の価値があった。そして、トスカーナ政府がかのフランス人［ナポレオン］に二つの不動産を比較対照するように、

参考図1——ティツィアーノ《リュート弾きを伴うウェヌス》一五六五年頃
ケンブリッジ　フィッツ・ウィリアム美術館

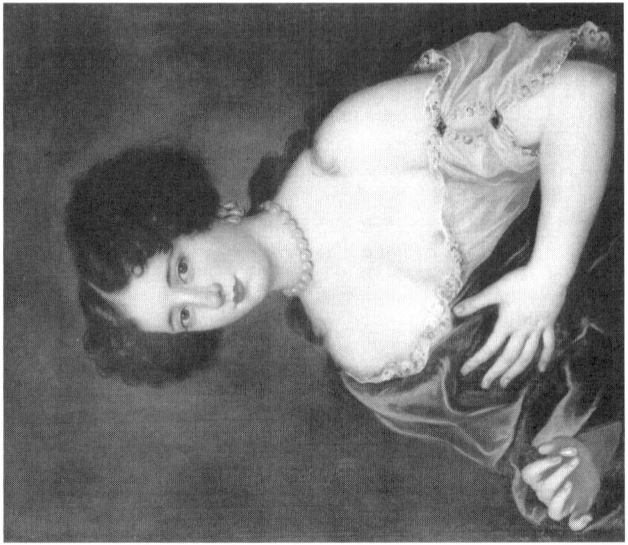

図2——《マリーア・マンチーニ》
ベルリン　国立美術館

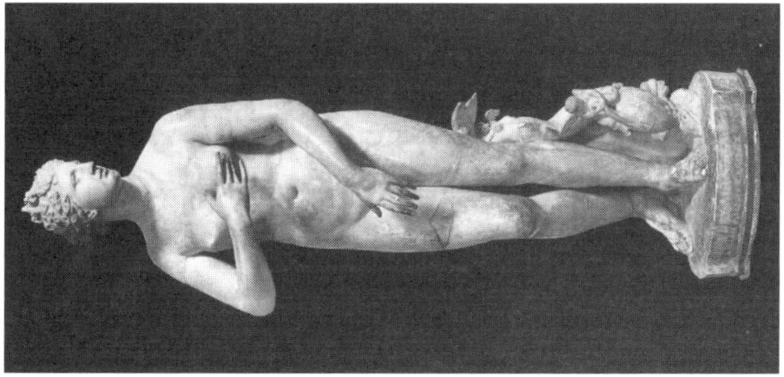

図3——《メディチのウェヌス》紀元前四—三世紀頃
フィレンツェ ウフィツィ美術館

図4——ルイ一四世がパルマ公に輿入れした
彼の娘ルイーザ・エリザベッタにもたせたもの
振り子時計（Briganti, p. 79）

また王トルリア王に価値の相違について認識するようにうながしたとき、タレーランが指摘しているとおり、その評定が、「有益さの交換としてのみ提示される通常の商い」へと事態を変えてしまったのだろう。政治家たちが行なう、懐柔のための洗練された手法は、う××（メルダ）を詰めこんだ絹の靴下のようなものだ。しかし、こうした非道を言い繕う洗練された形式については、フェルディナン・ボワイエがナポレオンに占領されたヨーロッパの国々の芸術作品の略奪に関して考察しているように、別の例も見いだされる。これはとくに、チザルピーナ共和国［一七九七年にナポレオンが建国］への併合を避けるために、パルマに課された条件にあてはまる。フェルディナンド公はフランスに大金を払い、ナポレオンが選んだ二〇枚の絵画を渡さなければならなかった。この態度はパリの政府関係者によって、「この君主が贈りものをしたがっている」と解釈された。ナポレオンは、芸術作品の獲得を、停戦条項の中にその譲渡を含めることによって、合法的に行なう手段を見いだしていた。ボワイエは、『革命期と帝国期のイタリアとフランスにおける芸術世界』（Ferdinand Boyer, *Le Monde des Arts en Italie et la France de la Révolution et de l'Empire,* Soc. Editrice Internazionale, Biblioteca di Studi Francesi, Torino, 1970）におさめられた、一七世紀末から一八世紀初頭にかけてのイタリアとフランスの関係についての緻密で正確に記録された研究において、合法化は専横的で横暴な徴収に適ったものであったと述べている。「そのときにローマからパリに送られた絵画は、おそらくひとつの戦利品だったのであり、あるいは、より単純に、国家に帰属するものを新しい基準に従って再配置する行政上の処理だったのではないか」。ここで「プロレタリア的消費」、つまり、ごろつきどもの一隊による商店での窃盗に対して、現代において与えられている名称のことが想い起こされる。

ボワイエが示した豊富な記録資料は、徴収作品について報告する義務を負ったフランスの役人たちの、きわめて有能な、水も漏らさぬ仕事を精確に明らかにしている。紀元前一世紀のシチリアの人々はウェレス［前一一五頃―前四三］が彼らの芸術作品に感嘆するのを見て震えを禁じえなかったが、それは一七九六年にボナパルトがメディチ家のウェヌス［図3］に眼をとめたときフィレンツェの人々が震えたのと同様である。ウォルター・S・ランドー

［一七五一―一八六四］の『空想会談』には記されていないが、そこにウフィッツィ美術館の館長トンマーゾ・プッチーニ神父の覚え書中の、ナポレオンの来訪に関する示唆的な箇所を挿入することもできるだろう。「彼［ナポレオン］はウェヌスに強い関心を示し、それについて多くを語った。彼は私に、その像をパリに持ち運んでも、トスカーナが宣戦を布告しないように注意を促した。われわれとしては共和国に関して今まで保持してきた平和的感情を保証するし、ウェヌスがその雄弁で永続的な記念碑であることを希望する、なぜならローマでの獲得品があるので、フランスにはわれわれのウェヌスがなくとも、ヨーロッパ第一の政府が保証されている、と私は彼に答えた。彼はとても友好的で、不作法な仕草は見せなかった」。

一七九九年に、フランス内務省からイタリアの第二科学・芸術委員会に送られた訓令には、国王たちのパラッツォでは「欲しいままに取得しうる」こと、そして「フィレンツェは、反抗を憂慮することなく、委員が思いのかぎりの徴収を行ないうる都市である」ことが告知されている。その三年前には、大公に対して、ウフィッツィ美術館全体と領土の拡張との交換を提起することが考えられていた。そして、この取引は、フランス人によって率直に、「あらゆる点において得な取引」と定義されていた。フィレンツェの解剖用蠟見本やナポリ王の後宮の珍奇な動物たちさえ、征服者たちは忘れることはなかった。

芸術作品が軍隊の力や金品の力の意のままになるということは、幾世紀にもわたる歴史的経験から確証されている公理である。この原理のもっとも洗練された例証化のひとつは、一九六九年にパルマ貯蓄銀行から刊行された、キアーラ・ブリガンティの『パルマ公国の収集品の数奇な旅程』（Chiara Briganti, *Curioso itinerario delle collezioni ducali parmensi*）である（この好著にはただひとつの欠陥がある。すなわち、この著作はアメリカ方式で、各々の紙葉をあまり効力のない接着剤を用いて綴じているので、ページがすぐに剝がれてしまうのだ）。この著作の構想は、ブリガンティがクイリナーレ宮の諸室を再配置しているときに、パルマに由来する、多くの、きわめて美しい調度品や綴織りを発見したことに起因する。この事態が生じたのは、教皇のパラッツォを世俗の王宮に変えなければならなかったとき、パルマの諸パラッツォに由来する調度品を備えようと考えたからであり、それらの調度品は、パルマとピアチェンツァが一八六〇年にサルデーニャ王国に併合されたさいに王室に託されていたのである。つまり、一八六〇年に、パルマの諸パラッツォ、コロルノとサーラのヴィッラの芸術的財産はすべて、きわめて異なる方角に、トリノ、ミラノ、モンツァ、ジェノヴァ、ピアチェンツァ、ボローニャ、フィレンツェのさまざまな王室へと分散したのだった。家財道具のもっとも貴重な部分はアレッサンドリア、この鉄道上の重要な接続駅に送られ、おそらくはそこで調度品の一部が行き先を国外へと変更された。さもなければ、ニューヨークのメトロポリタン美術館やロンドンのウォレス・コレクションに調度品が見いだされることを説明できないだろう。

これらの家財道具は、その大部分がルイ一四世の気前よさの賜物であり、パルマ公に輿入れした彼の娘ルイーザ・エリザベッタによってもたらされたものである［図4］。ブリガンティの著作には、大使ドゥティヨ、銀行家ボネ、商人テスタールの活動に負う、これらフランスからの供出物についての正確な記録が見いだされる。すなわち、それらは、一八世紀の中頃に、当時もっとも著名な家具職人であったティヤール、クレッソン、アヴィッセ、フォリオが製作した家財道具であり、ブーシェの素描に基づく綴織りであり、磁器と銀器であった。役人たちの調度品は、役所で使われなくなると、パルマ公の調度品保管所に償還を避けるために隠された。また、J・B・ブダールとプティトの指導のもとにフランスの職人たちがパルマで自由に製作した家財道具もあった。とりわけ、マングラールの風景画などの絵画作品の中にあってはほとんど注目されなかった調度品とつづれ織りは、パルマをヨーロッパの「啓蒙化した」都市の第一列へと高めたドゥティヨが、マリーア・アマリアの不興を買ってこの都市を去らねばならなくなったときに、自らの収集品としてパリに移送した。彼の出発とともに、パルマ公の調度品保管所を刷新しようとする関心は薄れてしまい、この無関心は、マリーア・ルイーザがビーダーマイアー的な意味での近代化を始めて（ノーダンの繊細な水彩画が記録しているように）、后妃としてのあまり幸福ではなかった過去を想い起こさせる、アンピール［第一帝政時代の］様式の豪奢な家具、化粧台、大型鏡台を屋根裏部屋に追いやる（銀を施された化粧台はのちに彼女によって溶かされた)まで続いた。もしフランス人が、それらを徴収するさいに、銀器は別として、パルマ公のパラッツォ(それはフランス風にしつらえられ、差しだされた品々は、そこに収容されていた最も著名な作品例であった)を尊重したならば、他方ピエモンテ人は、ヴィッラやパラッツォが略奪されるままに放置し、その結果、かつては彼らの誇りであった調度品の不在を今になって嘆くのである(コロルノは精神病院に変えられた)。ビーダーマイアー期の調度品のいくつかは、まだミラノ、ジェノヴァ、フィレンツェの倉庫に横たわっているようで、木材を食する虫たちがそれらを蝕み、ゴルガの楽器コレクションがわれわれの文化財保護監督局の愚かさゆえにたどったのと同様な状態におちいるのを待っている。

(一九七〇［伊藤博明訳］)

G・G・ベッリ、没後百年

没後百年を迎えるジュゼッペ・ジョアッキーノ・ベッリの名声は、今世紀に入って高まる一方だ。それも、外国、とりわけアメリカの作家たちの間で評判を呼んでいることは、リヴィオ・ヤンナットーニの、ベッリの没後百年記念論文集(ローマ、パラティーノ刊)における記述から推察できる。アメリカ文学においては、民衆の話し言葉、庶民の露骨な言葉づかいが完全な市民権を得て久しい。それを思えば、ベッリの評判の高まりも驚くようなことではない。イタリア語が、もしも英語に劣らず全世界に普及した言語であったなら、ベッリの名とて、ロバート・バーンズの名前と同じくらいには、あまねく世界に知られるようになっていたはずだと、あえて私は言いたい。スコットランドの詩人バーンズとベッリを私は一〇年前に比較してみたことがある(「ローマの味」、『西欧の旅』に所収[Mario Praz, “Sapore di Roma,” in *Viaggi in Occidente*])。バーンズもベッリも、方言ではない教養人の言葉で書こうとすると、そのとたんに気力が失せてしまったという点にまで論を推し進めて類似を指摘するのはさすがにするまいと思った。しかし、ベッリの場合、いったん標準的なイタリア語で書いたら最後、巨人であったその姿がたちまち小人に変貌してしまう。これは、前述の記念論文集に収められたルイージ・フェリーチの論文を読んだうえであっても、私はいまなお証明したい気がしている。フェリーチは「ベッリとロマン派」をめぐる論文でこう述べている。「『ソネット集』においては意表をつくほど斬新であるその一方で、文学的には時代遅れとすら言えるアカデミズムを併せ持つベッリが、はたして本当に〈二つの顔〉を持っていると言えるのかどうか」。フェリーチ、ムッシェッタを初めとする人々は、「教養あるベッリ」の顔に光をあてようと懸命になってきた。ベッリのアカデミックな教養が、一般に考えられているよりも広い範囲に及んでいる、という点ではフェリーチに譲歩しよう。われらが詩人のソネットの三行詩部分（テルツィーナ）はダンテそのものである。★1 代表作である『ソネット集』だけが、唯一、他の作品から浮きあがっているのは明白であり、その遊離のさまは、『ドン・キホーテ』がセルバンテスの他の作品から掛け離れている以上に歴然としている。

ベッリを、彼の育った恵まれない環境から救いだし、はるかな高みへと引きあげたのが方言とソネットの合体にあったのは言うまでもない。そうした形態の諷刺詩をとりいれたがために、また一方で民衆の風俗と話し言葉を詩の主題のうちに反映させようと熱く意図したがために、文学史上のひとつの枠に彼がおさまらないのであれば、はるか彼方のものとは言いながら、ヴィーコやヘルダーの求めた理想に彼が応えようとしていたのは疑いない。『ソネット集』の序文に、彼は次のように記している。「われらが民衆は、いかなる芸術も持たない。彼らの本性は、人為的につくられるのでない成長の過程で自由なままに放置されてきた。そのため、常に活力とエネルギーに満ちている。すべては、そうした本性から自然に生まれでてくるのだ。顔つきにも表われる彼らの習俗、彼らの話しぶりを見るがよい。同じ町の中でありながら、庶民と上流階級とでは、人々の顔つきが、なぜ、かくも異なるのか。動かぬようにと教養によって命じられると、顔の筋肉は、ブレーキをかけたわけでもないのに、情熱に駆られ、愛情に駆りたてられるときになにゆえ萎縮するのだろうか。どうやら、筋肉は、肉体が形成し決定する精神の本性に適合はしながらも、また別の発達を遂げるようだ。それで、顔は心の鏡となるのである」。

庶民の自然さがつくりだす光景は、ベッリの心をとらえた。ローマの庶民の、プリミティブで粗暴で、ひいては人間的な特性にも、芸術という形態を与えることによって、力の漲る傑作を生みだすと同時に、彼は自らの解放をも果たした。口数の多いルガンティーノ［ローマの人形劇の登場人物］の仮面をかぶったそのさまは、さながら、ハイド氏の顔をしてするする這い降りてくるジキル博士である。ロバート・ブラウニングが、物語詩「キャリバンのセテボス観――島の自然神学」において、類を見ない幻想的な直感に基づいた、宗教についてのたどたどしい語りを素朴な魂の内に込めたとき、その瞬間だけのことにせよ、彼はおそらく、キャリバンの仮面をかぶっていたのではなかろうか。自らの心の深奥に先祖代々から潜んでいた証拠物件を掘りだして、それを意識の光にあてて眺めるのを楽しんでいたのではないか。民衆に語らせている感情は、実はベッリ自身が共有していたものだとする非難から彼を弁護しようとしたエットレ・パラトーレ（「ベッリの不敬な主張」[Ettore Paratore, “La pretesa irriverenza del Belli,” in *La Carovana*, luglio-ottobre 1963]）は、天才なのかもしれない。「数あるベッリのソネットは、いずれも、典型的なローマ庶民がそのまま口にしておかしくないものばかりだ。作者が自分の言葉でつくったと考えられるものはひとつとして存在しない」。そしてまた次のように述べている。「宗教の話題にふれたその他のソネットを残らず拾い集めてみると、一見大胆な冒瀆と見えて読者を驚かせる表現もまた、ことごとくベッリの詩世界の古典的な枠組みへと帰せられることに気づく。彼の詩の世界は、庶民の考え方をじかに伝えてくれる。そのいかがわしさも、偽りも、素朴さも、洗練されない無礼さも、どうにも救いがたいものではあるけれども、それでもなお精彩に富み、すべてを肌で感じさせてくれるのは魅力的だ」。彼が引き合いにするのは「不幸にも有名な」ソネット「聖木曜日」(*Giuveddì santo*)である。「教皇さまが祝福してくださる予告の大砲が、〈おしごと〉のまっさいちゅうにズドン。度肝を抜かれて、〈おしごと〉は台なし」という内容の、商売女の言葉で語られたソネットだ。パラトーレに言わせると、このソネットは、「ローマ教会国家の宗教人と市井の人の頽廃した生活が、聖なるものと俗なるものの関係をここまで偽善的なものに矮小化していることをあざ笑うためにちりばめられたスパイスのようなものなどではない。むしろ、いかがわしい女の心に投影された光が、より直線的に、より率直に、詩という出口に向かって突然あふれでたものなのだ。無意識のうちに聖なるものと俗なるものとを身体に綯い交ぜている、つまり自らの生のありように対する弁解ないし救いの道を見つけようと、自覚しないままにもがいているのはその女性本人なのだ」。パラトーレを援用するなら、ベッリの諷刺精神に富んだ描写の標的が、教皇や、ローマに支配的であった宗教のあり方ではなく、実は民衆そのものであった、とするのが順当な見方ということになろう。「これらはすべて、ある典型的な心のありようの、きわめて適切かつ明敏な描写にほかならない。そこには逸脱があるが、それはもはや制度化した逸脱とも言えるものなので、詩人はそうした心の状態から生ずる責任の心配はしなくてもよいのである」。

ここで、宗教という観点に立ってみるなら、ベッリがわれわれに見せてくれるような光景、言うなれば、神を汚す無意識とでも言える光景をじっと凝視するうちに、敬虔な魂であれば憤りと羞恥に身震いすることになるだろう。聖パウロが警告しているとおり（『エフェソスの人への手紙』五・七）、この世にあって、罪人とともに歩んではならないのだ。ダンテ『神曲』「地獄篇」第三〇歌のこの一節は、誰もが知っているだろう。「それを聞きたいと欲するのは卑しい望みであるからだ」。ベッリは、猥談にも卑俗な不敬の言葉にも、決して耳をふさごうとはしなかった。むしろぶしつけなまでの好奇心をもって耳をそばだてることにより、宗教的な観点からすれば、罪を犯したのである。さらに困ったことには、そうした光景を、苦々しく思うどころか楽しんでしまい、あげくのはては、書物に記してそれらを永久に残すまでに拘泥したのだ。それらの光景が、彼の魂を詩の世界にまで押し広げた。パラトーレは、ベッリのソネットに認められる教皇や高位聖職者に対する悪意、あるいは悪意以上のものが、ひたすら純粋に、「庶民的なカリカチュア嗜好」を反映するものであってほしいと願っている。「教皇グレゴリウスを私は愛した。悪の日を楽しむ趣味を与えてくれたのだから」と言って憚らなかったベッリには、罪の意識の片鱗すらも持ちあわせていなかったようである。

教皇に対するベッリの、愛憎こもごものなんとも興味深い行動を、ムッシェッタは次のように分析している。「法王さんとの間に、いっぷう変わった親密な関係を築くことで、結局彼は、教皇の人間的な側面に目を向けていたのだ。彼が教皇に対して抱く感情は、宗教と政治に及ぶ権力を当然のように濫用する、非人間的な権力者に向ける憎悪とは異なるものであった」。だがそこに、不敬や冒瀆がありはしなかっただろうか。ボードレール以降のデカダン派のフランス詩人の一部に認められる弁証法的な思考の形態、まるで信仰の完成した姿だとでも言うような無信仰がそこにあるように思われる。だからといって、ベッリがフランスのデカダン派に相通ずるというのでは断じてない。しかし、同じ光をあてると彼のアンビヴァレントな感情が見える、ということは、彼を諷刺詩人（サティリコ）とみなすことを正当化してくれる。諷刺嗜好がサディズムと緊密に結びついているのはもはや周知のことである。しばしばベッリと関連づけて名前を挙げられてきた芸術家、ゴヤを思い起こせば十分納得のいくことだ。ゴヤもまた、啓蒙主義の時代を通過しながら、カトリック信仰を持つ民族の懐の内から表現することになり、したがって、彼の冒瀆嗜好は、個人的なものだけでなく環境的な要素によるものであった。冒瀆と信仰がいかに境を接したものであるか――ナポリの守護聖人サン・ジェンナーロの奇跡に立ち会おうと群れをなす信者たちが、奇跡が遅れようものなら罵詈雑言を浴びせる、そのさまを苦々しく思う人なら、これは理解できるはずである。スウィフトは聖職者であった。にもかかわらず、辛辣なエピグラム「最後の審判の日に」(*On the Day of Judgment*) で彼が思い描くのは、人間を見捨て、人間が何をしようがもはや意に介さなくなった神である。「こんな馬鹿どもとつきあってられようか。わしはきゃつらを地獄に送る。しっかり焼かれろ」。ここでスウィフトは、なんと一人称で語っている。同じようなことを神に語らせる場合、ベッリは、「これからやってくる人間どもめ、おまえらに明るいゆくてはない」と表現する。ムッシェッタの言葉を借りれば、彼は神を「残虐な笑う暴君」とイメージしており、「つまるところ騙すために人間を創ったのであり、人間が天まで昇ってこようとしようものならさんざん笑いとばし、意味もなく人間を苦しめて喜んでいる。自らの息子を十字架上で死なせたのもその一環なのだ」。ベッリは、決して一人称では語らない。キャリバンの粗けずりな心を通り抜けるものを、ベッリは、ほのめかすにとどめるのみで、自ら入りこもうとはしない。それならば、あのような言葉を書き記して、どのような楽しみを彼は味わっていたのだろうか。ほとんど民族学の研究でもするかのように、科学的に書いていたのだろうか。とんでもない。激しく燃えるのを自覚していたからこそ、まさにそうした題材は、凡庸なもの書きが詩人、それも大詩人になるためには不可欠だったのだ。それは、グロテスクの詩であり、「下司の美（beauté des goujats）」であり、瞬間的にとはいえ、自らをハイド氏に重ねてみようという苦痛を具え、それゆえ、アイロニーが深く染みこんだロマン主義的な詩だったのだ。ロマン主義は、天使のような蝶の羽を描写するためだけのものではない。ロマン主義には天使ばかりでなく、せせら笑う怪物(ガーゴイル)たちもいる。それは、ヴィクトル・ユゴーが認識していたとおりである。

ローマは、文学のうえで遅れをとり、多くの外国人が言うとおり（そしてそれもあながち間違いではないが）、芸術にまつわる事柄には、一九世紀初頭ばかりか、いつの時代にも、ほとんど配慮しなかった。そうしたローマにあって、古典派とロマン派の矛盾がいかなる形でも反映していないのは、一見、奇妙と見えかねない。たしかに、古典派とロマン派の間の齟齬は、ラテン系のすべての国に認められるのだから。しかし、目をよく凝らして見るならば、その対照、世界をそのように二つの角度から眺める見方は、ローマにおいても実現していたのがわかる。ローマには庶民の風俗を描いた代表的人物が二人存在する。伝統的な見方からすれば、ともに、描写の仕方において同じ部類に属することになる。「版画家バルトロメオ・ピネッリの鉛筆に相当するのは、ジュゼッペ・ジョアッキーノ・ベッリの鋭いペンということになろう」と、アントニオ・ムニョスは『百年前のローマ』（Antonio Muñoz, *Roma cent'anni fa*, Roma, Danesi, 1939）で書いている。「この画家と詩人が友人であったのかどうか私は知らない。おそらくは面識すらもなかったろう。だが、ともに、同様の、興味深い気ままな題材をもとに仕事をし、ローマの人々の風俗をなにより生き生きと描きだし、完璧な芸術としてわれわれに残してくれた」。ベッリとピネッリの間にはどのような関係がありえたのだろうか。ベッリは、ナポレオンを「剪定鋏で王さまどもを刈りこんでいたあの巨人」と呼んだ。フェルディナンド・ジェッラは、『パラティーノ』（Ferdinando Gerra, *Palatino*, luglio-agosto 1961）において、この表現が、ことによると、ピネッリの二枚の銅版画から想を得たものかもしれないと指摘している。ピネッリの銅版画において、ナポレオンは巨人像として描かれ、その周りに群れる痩せこけた小男たちがその土台を引き抜こうとしているのである。だが、これ以上の近いかかわりがあるかどうかについては、実のところ、なんとも言えない。ピネッリの作品に「卑俗な調子、品のなさはいささかもない」とムニョスは言う。下びたところがないというのは、ときには好ましからざることだ。ピネッリが描いたローマの風俗や人々の振る舞い［図1］は、ヤーコプ・アスムス・カーステンスの《アルゴー船遠征》やフラクスマンがホメロスの挿絵に用いた枠組みの中に収まっていて、いかにも古典的である。ギリシアのドロピアへの上陸場面が、そのままスカレッテ小路でのパンの配給の場面に代わっただけであり、火を吐く牡牛を鋤につなぐイアソンのかわりに牛飼いが長い竿で水牛の群を追っており、その竿は、まるでホメロスの投げ槍そのままである。英雄の基準にはまった動きばかりである。ピネッリが描くのは、アンブロシア［神の食物］のかわりにカチョヨッタチーズを糧としながら進軍する半神たちの世界、きわめて古典的な世界が、まるまると肥えて、そこに広がっているのだ。それはそれとして、仮にピネッリが安酒場のラファエッロであるとしても、ベッリは、申し分のない小路のペトラルカということにはならないだろう。ベッリのソネットは、ピネッリの描いた民衆の風俗よりも、ゴヤの《格言集》にはるかに近い［図2］。苦悩する精神の詩人ベッリは、画家ピネッリを、偉大さの点ではるかに凌いでいる。ピネッリの擬古典性の影は微塵もなく、むしろゴヤの、気取らず必死に生きる人物たちを想い起こさせる。こくのある味付けの、ありのままの姿の庶民の生活に関心を寄せる点でロマン派であり、常軌を逸したもの、怪奇なものを好む点でも、また、アイロニカルな複雑な視点をとる点でも、ロマン派である。それでもやはり、ベッリは、ピネッリの古典主義の枠を定めているのとまったく同じ環境の中にあった。この二人の芸術家が生きたローマは、ゲーテの語った大宇宙(マクロコスモス)ではなく、小宇宙(ミクロコスモス)、ビーダーマイアー的な小世界であった。パラトーレがいみじくも言うとおり、「憤怒が詩行をつくった」とき、ベッリがゴヤに近づいているのだとすれば、他方ではしばしば、ソネットの中に、意図的にではないかと見まがうほど常識的な哲学が見いだされる。そこには、楽しみ、かつ辛い思いで、ものごとを謙虚な目でとらえ、しかも、日常生活の平凡な側面を抒情的に歌いあげようとする願望が伴っている。「来週の今日は聖カタリーナの日」（Oggi a otto ch'è santa Catarina）、「寝床を発明したひとに幸あれ」（O benedetto chi ha inventato er letto）などは、そうした日常的テーマの作品である。これこそビーダーマイアー

図1——バルトロメオ・ピネッリ
《ナヴォーナ広場の西瓜売り》
ローマ　ローマ美術館

図2——ゴヤ
〈むしりとられて追いだされ〉《カプリーチョス》二〇番
一七九九年

の神髄ではないだろうか。ビーダーマイアー的な足どりといっても、ベッリにあってはしばしば攻撃性も少なく、力も弱い。ゴヤとかスウィフトといったビッグネームを挙げるさいにはそれなりの配慮がなされるべきだろう。貧しい環境というものは、しばしば凡庸な発想へとつながり、ソネットという道具をいたずらにもてあそぶことになったりするものだ。しかし、ソネットに固有の、定型によるエピグラムの精神が、ベッリの諷刺魂を思う存分に広げた。ちょうど英雄二行詩が、アレグザンダー・ポープのエスプリに効果的に作用したのと同様である。したがって、もし啓蒙の文化にそそのかされてヨーロッパ全土から「怪物を創出する理性の夢」を一掃し、たとえばゴヤの銅版やバーンズの筆を鼓舞した「恥知らずの現実」という悪魔に、ポープもある側面でとりつかれていたと考えうるならば、一方でわれらが詩人は、「いまどきの人間は、静かな隠遁の場に引きこもり、実験的な思念が往来する中に自らの想像力を集中し、それを、自らの持てる力と存在の目的をよりよく検討するための手段とする」、と書くことができた。これこそ、ビーダーマイアーの理想である。

（一九六三［白崎容子訳］）

★1──ベッリのソネットは一一音節詩行からなり、三行詩の部分はダンテ『神曲』と同じ形をとっている。が、そうした古典的様式に則りながら、謳われる内容は、実に卑近なことがらである。たとえば『当世の宗教』と題するソネットでは、「さいきんのしゅうきょうときたらいったい何なんだ／どこもかしこもしゅうきょうしゅうきょう／聖歌を歌ってひざまづき／十字をきって祝福の印のリボンを服につけるだけ」と始まる最初の三連で、宗教上の儀式が皮相的で形式的なものに堕し、実生活にすら役立つところは何もない、と謳う。その最後の三行詩部分は、「だけど聖書はそうじゃない／お愛想ふりまきお辞儀をすれば／量り売りで肉屋が買ってくれるから」というもの。肉の包み紙として聖書はグラムいくらで買ってもらうことができる。だから、少なくとも聖書は実生活に役立っている、という庶民的な内容である。

クペールスの時代のローマ

聴衆の方々が当然至極にも失望されることのないように、私は前置きをして、この講演の限界について明確にしておくべきだろう（一九七四年年一〇月二三日、ローマのオランダ文化会館における講演）。というのも、皆さんが、とうとう、耐えられなくなって、いわゆる「礼儀正しい（ジェンティーレ）」聴衆ではいられなくなってしまうと思うからである。私はクペールス（一八六三―一九二三）にかかわるためのいかなる信任状も持っていない。ロマン主義的感受性とデカダンティスムについての拙著、イタリア語版が一九三〇年に刊行され、続いて英語版『ロマン主義的苦悩』（*The Romantic Agony*, 1933）によって世界に知られるようになった著作において、私はクペールスにも言及すべきだったかもしれない。私がそうしなかったのは、単に彼のことを知らなかったためである。この欠落部分は、ベッティーナ・ポラックが一九五五年にデン・ハーグのニーホフ社から刊行した『オランダ絵画の世紀末』(Bettina Polak, *Het Fin-de-siècle in de nederlandse Schilderkunst*)が補ってくれている。この著作は、概略的にではあるが、このオランダ人作家クペールスにおけるさまざまなデカダン的なモティーフの存在を明らかにしている。たとえば、ブロンドの髪と大きな灰色の眼という典型的な特徴を持ち、カチュール・マンデスの詩を読んでいる「宿命の女性」（レオニー・ファン・オウデユック）は、エロティックな空想に身を委ね、一人のインド人に夢中になる。ポラックによれば、クペールスは彼女の性格を巧みに描きだし、しかも彼女を断罪してはいない。私はこの小説も、また『魂』（*Pshiche*, 1890）と『恍惚』

(*Extaze*, 1892）という作品も読んだことがない。これらの作品においては、魂の神秘が「光の大きな花、輝く花弁を持った神秘的薔薇」に喩えられているそうだ。また私は、古代ローマに時代を設定し、ヘリオガバルス帝とドミティアヌス帝の時代にそれぞれ題材を求めた『光の山』（*De Berg van licht*, 1905-6）と『喜劇役者たち』（*De Komieken*, 1917）をも高く評価しているわけではない。というのは、『光の山』においては、シュテファン・ゲオルゲからジャン・ロンバール（『苦悩』［*L'Agonie*, 1889］）、アントナン・アルトー、アルベルト・アルバジーノまで、多くの、あまりに多くの作家が書き記してきたテーマが精彩もなくとりあつかわれているからである。『喜劇役者たち』については、私は一七世紀のエンブレム・ブック以外にはオランダ語のテクストにはほとんどなじみがないこともあって、その著作を読み通すことができなかった。イタリア語訳について言えば、二冊のみ、『殿下』（*Majesteit*）と『世界の平和』（*Wereldvrede*）と題する小説があるようだ。しかしこれらは原典からの直接の翻訳ではなく、フランス語版を介している。『殿下』は一九〇〇年に刊行され、『世界の平和』（*Pace universale*）は、ジョヴァンニ・ヴェルガの序文とともに一九〇二年に刊行されている。翻訳者、伯爵夫人ディーナ・カステッラッツィ・ディ・ソルデヴォーロの友人であったヴェルガは、この小説について、当時ニースに住んでいたクペールスと書簡を交わしている。

もう一人のデカダン派作家ジョージ・ムアと同じことがルイス・クペールスにも起こった。ムアはとりわけ古代世界を扱った小説の優れた文体で名高いが、のちの主著『エスター・ウォーターズ』（*Esther Waters*, 1894）においては、ゴンクール兄弟を範として庶民の悲惨な人生を物語った。同様にクペールスも、少なくとも私が理解しているかぎりは、他の著作においては二流だったが、リアリズム的な小説『老人たち、過ぎゆくもの』（*Van oude menschen, de dingen die voorbijgaan*, 1906）は、オランダ文学とベルギー文学の古典をおさめた「ネーデルラント文庫」中の凡庸な英訳（Sythoff, Leyden, Heinemann, London, 1963）を介しても、偉大さを評価することができる。『老人たち、過ぎゆくもの』で語られている悲惨な人生には、全体を通して血の通った一筋の糸が貫かれている。それは不安と強迫観念にあふれた雰囲気を創出しており、ヴァルター・ベンヤミンがビーダーマイアーの過剰な調度品をめぐって、ブルジョワジーに関して述べた次の見解を正当化するものである。「初期の犯罪小説の犯人は紳士でもならず者でもなくブルジョワだった」。実際、私が信じるに、クペールスの名を不滅なものにしているのは、ローマのデカダンスの雰囲気を再創出しようとする非現実的で的外れの企てではなく、むしろオランダのブルジョワの生活についての正確で魅力的な叙述なのである。

私の議論は、クペールスがローマのデカダンをめぐる小説を書くために着手した古代の源泉の研究にかかわることを意図していない。とはいえ、私にとって驚くべき点は、彼がローマでの長い滞在期間――一九〇一年から一五年の間に、彼はフィレンツェと、有料の客を迎えるヴィッラを所有していたニースに交互に滞在しながら、ローマにも比較的長く住んでいた――に、オランダの考古学者H・R・W・レオポルトだけと関係を持ち、ジャコモ・ボーニとは一度も会わなかった（少なくともそうした話は耳にしたことがない）ことである。ボーニは、一八九八年にフォロ・ロマーノの発掘の最後の、そしてもっとも成果のある段階に着手し、諸構造のもっとも深い層を探索していた。ボーニは、ローマを旅行する外国人にとって知りあうべき重要な人物、「名士」の一人であった。しかし、クペールスは彼とまったく接触しなかったらしい。彼は、フィレンツェでウィーダ、パピーニ、ドゥーゼと知りあったが、ダンヌンツィオには会わなかったようだ。このイタリアの詩人がデカダン派として、クペールスに関心を持っていたはずと考えられるので、この事実は驚くべきことである。彼は、それでもダンヌンツィオを、少なくとも戯曲『フェードラ』（*Fedra*）においては、修辞家とみなしていたのである。彼はローマで、コスモポリタンのロヴァテッリ侯爵夫人のサロンにも、同じくコスモポリタンのジュゼッペ・プリーモリのサロンにも通わなかった。ローマ公には会って、指輪を奪われた。一九〇六年から一〇年にかけて、クペールスの親友は、オルランド・オルランディーニという名前の、彼が滞在していたフォンタネッラ・ボルゲーゼ通りのペンション・ハリアーの借家人であった。この家はかつて、ボンコンパーニ家が所有してた現代的なパラッツォであることがわかっている。しかし、オルランド・オルランディーニについては、おそらくその名前は偽名であって、なんとか糸口を探してみたが結局むだであった。知られているのはただ、彼がスペインやスミルナまで仕事で旅行していた美貌の人物だったということだけである。クペールスの伝記に記録されている、同じペンションの別の部屋に住んでいた婦人はテレジタ・シェルバという名前だった。それで私は、この婦人の娘で、二年ほどまえまでこのパラッツォに住んでいたチプリアーナ・シェルバが、謎に包まれたオルランディーニという人物についての情報を、八五歳になる母から引きだしてくれるのではないかとしばし希望を抱いたが、それもむだであった。クペールスが一九一一年に雑誌『祖国』(*Het Vaderland*)に発表し、『万物について、万人について』(*Van en over alles en iedereen*) に再録された論文に見いだされる以上のことはあまりわからない。

　ところでクペールスは、一九一一年の万国博覧会を見るためにローマを訪れたオランダ人ヤンとめぐりあって友人となった。この友人は、クペールスのイタリアへの度を超した熱中ぶりを笑い、ペンションに暮らし、定められた時間に食事を摂っている彼を憐れんだ。「イタリアはそんなに美しくはないし、イタリア人もそんなに美しくはないな。……ああ、オルランドね、私も彼は知っている。彼はもちろんすばらしいし、彼について悪く言うことはできない。……彼はたしかにりっぱな男だ。……だがかけ離れているのは……そう、不快なズミルネだ。……そう、やることがいつも不快だ。……ああ、そいつはいいやつさ。ティヴォリには彼の自動車で行ったし、オスティアだってそうだ。しかも、誰も一銭も払わずにね。鷹揚な男だよ——まえからそう言ってきただろう」。この友人は続けて、イタリアについてクペールスの熱狂的な描写とは相反する描写を提示する。イタリアの郵便制度は機能していない(当時もそうだった)。イタリアは、「汚い国で、鉄道は混乱し、汽車は〈決まって〉遅れ、博覧会も混乱していて、開催のときがきてもまだ準備が終わっていない(ネーミ湖で発見された古代の船はまだ見ることができなかった)。……ローマは通りが狭く、君の好きな〈ローマっ子〉たちに囲まれて私は身動きできない。ローマにあるのは過去の壁の小片ばかりだ。たしかに君は、その遺跡についてたいそう魅力的に書いていたが……〈遺跡の詩〉と。……ローマはパリやロンドンみたいに単純に楽しくはない、大違いだ」。この論評は、アドリアーナ通りの、でこぼこ道のドライヴで締めくくられている。そして、友人のヤンは、イタリアの光景が不毛で痩せ衰えているのに気づきながらも、魅惑的な庭園で遺跡を覆う、自然に開花した花々を見て感動するのだ。クペールスがイタリアで評価したものを知るために、その一節を引用すべきだろう。

> 私の眼前には、低い峡谷が広がっていたが、それは淡い緑と輝く黄金の葉からなるトンネルのように見える。ときおり、太陽の光を浴びた地平線が、遠く遠く、輝く山々のうつろな稜線の彼方に現われる。……そこに存在するきわめて不思議で、ほとんど魔術的な、神聖な雰囲気は、差しこむ光線、黄金の大気、淡い緑の黄昏、甘い黄金の薄暮、遠くの明るい輝き、近くの暗い輝き、われわれの頭上で絡みあう枝についた多量の葉から生まれる。他方、水がわれわれの足元を、星形のアネモネの上を流れている。そこには、薄い影と光の反射がある。それは、ファウヌスやニンフを出現させる太陽の光線ではなかったのか。

これはまさしく、メレディスが『悲劇役者たち』(George Meredith, *The Tragic Comedians*, 1880)の一節において披瀝したイタリアの印象である。

> イタリアであなた方が見たものを思いだすがよい。イタリアの光と色彩の、すなわち、清明さ、光の充満、沈んだ影の意義を想い起こしてみるがよい。山々と樹木が覆った岬は、厳として動かず、峻厳に見えるが、精神には霊的な言語で語りかける。ときめいている。天から、海から、頂から、神聖な形態が引きだされる。

ジョン・アディントン・シモンズもまた、イタリアの光景を眼前にして、古代人の世界に生き返った。

> 音響、芳香、色彩が、一本の弦をつくりあげ、その奏でる音は純粋で完全な平穏である。……この海岸[リグリアのリヴィエラ海岸]は、シェリーの『エピサイキディオン』のイーゾラの、あるいはエンペドクレスが記した黄金時代の幻像でありうるだろう。この時代には、神話的な民衆はアフロディテを芳香と動物の形象と黄金色の蜜で崇め、祭壇の上に血が流れることもなかった。この時代には、樹木は永久（とわ）に葉と果物で覆われ、枝は一年中豊かな収穫物をつけていた。

クペールスは前掲の論文の別の一節において、パラティーノの丘における、自分自身と妻に関する微笑ましい情景を描いている。

> 私の妻はヴィッラ・ファルネーゼの欄干に気持よさそうに座って、古代ローマの市場（フォーロ）のことを夢見ていた。夢見る女性の眼には、花々が満ちた庭園が、廃墟となったアルミーダの宮殿をめぐる魔法の庭園が見えていた。そして私は、噴水の近くで、紫、青、白の篏を挙げる、開花した菖蒲（あやめ）の間に立っていた。この噴水の中にはウェヌスが座り、彼女もまた夢見ていた。こうして、われわれは三人とも、うっとりしながら夢見ていたのである。

クペールスと彼の配偶者、つまり、あまり「目立たない」(effacée)、英語では「影の薄い」(dim) と言いうるような女性——とはいえワイルドの『ドリアン・グレイの肖像』を翻訳していたのだが——は、ローマでの日々をこのように、廃墟の間に豊かに繁殖する自然の只中で、気候の良い季節に過ごしたのであった。また彼らはブルジョワや知識人の会合へも出かけたし、仕方のない交際も生じた。というのも、クペールスは小説『漸進性の直線』(*Lange Lijnien van Geleidelijkheid*, 1921) で、ローマの宿での客人について語っており、その中には英国人を改宗させようとする一人のイエズス会士もいたのである。そこにあるローマの雰囲気は、ゾラが『ローマ』(*Rome*) で描き、クペールスも認識し、評価していた雰囲気とはきわめて異なるものである。彼はホーソーンの『大理石の牧神』(*The Marble Faun*)、ヘアの『ローマ散策』(*Walks through Rome*)、ウォルター・ペイターを読んでおり、さらにはジッドの『コリュドン』(*Corydon*)を、明らかに私家版のひとつ(一九一一年か一九二〇年)で読んでいた。というのは、その完全な決定版は一九二四年になってはじめて刊行されたが、このオランダの作家はその前年に没していたからである。

ジッドのこの著作において議論され、「ギリシア的愛」の擁護として解決された同性愛の問題は、ジョン・アディントン・シモンズが部分的にヘイヴロック・エリスの協力を得てギリシア的愛というテーマに捧げた諸研究をおそらく知っていた、クペールスの個人的な関心を惹いた。実際、先に引用した論文において、クペールスが友人ヤンに話させた「君の〈ローマっ子〉の誰も」という表現は、明らかに、のちにピエール・パオロ・パゾリーニによって文学の世界で脚光を浴びることになった「不良少年」を示唆しているように思える。もし事情がこうならば、クペールスがカフェ・アラーニョの文化人サークルに近づいたとしても不思議ではない。彼はそこに通い、少年を映画館へ誘い、御者と親しくなろうとした。この御者は、アンティノオほどではないにせよ、プルーストの有名な運転手であったアルフレッド・アゴスティネッリのような、かなりりっぱな体格の持ち主だったろう。

上述した論文によれば、友人ヤンは、「遺跡の詩」を愛好し、博覧会を一緒に見にいくのを断わって、そのかわりに自然と太陽を楽しみに田舎へ誘ったクペールスをからかっていた。それゆえ、クペールスの時代のローマについて語るまえに、すでに私が強調した点をくりかえしておくべきだろう。現実の都市がどこまでオランダ人夫妻の関心を惹いたかは疑わしい。他方、彼らにとってローマが田園のラツィオを意味していたことは確実である。ここには、部分的ではあるが、信じられないことに、永遠性の雰囲気が、古の時代の世界がいまだに息づき、「神々しい」と言いうるような情感を醸しだしていた。シモンズは次のように定式化している。

> イタリアの美がアルプスの光景のような、一切の動揺を見せない精神を残していないのは、いったいどうし

てなのか。大気と大地から、人々の間に、不意に出現した［すなわち、科学的な意味で、諸構成物から帰結するのではなく、予想に反して出現した］情感の花が生育し、われわれに挨拶することを、われわれが望まずにいられないのはなぜなのか。南部の美が呼び起こす、この何かが欠如しているという感覚は、おそらく神話が持つ古代の創造的な熱望以外のなにものでもない。だが、われわれの混乱した生活においては、それは別の形態をとって、常にとらえがたく、常に新しく、いまだ実現せず、非現実的で、決して満足しえない情感の渇望として現われるのである。

ラツィオの持つ「神々しい」特質を感じたのは、おそらくイタリア人よりも外国人が先だった。人々が神々と交流しながら生きていた神話的時代を記念する英雄的な光景は、ローマの遺跡の間や、ティヴォリの滝のようなピクチャレスクな地点だけではなく、またまさに平原に、純粋で単調なローマ平原に出現した［図1］。その明確で、しかも厳しさのない長い地平線の効果については、シャトーブリアンがフォンテーヌに一八〇四年に送った書簡の言葉を超える描写はありえないだろう。

ローマの地平線、平野の甘美な勾配、それを区切る山々の柔和でなだらかな稜線の美に比類するものは存在しない［先に引用した一句で、クペールスもまた同じ表現「山々のなだらかな稜線」を用いていた点を想い起こされたい］。ローマ平原の峡谷は、しばしば円形劇場、競技場、競馬場の形態を呈し、小丘は、あたかもローマ人の屈強の手が大地すべてを掘り起こしたかのように、階段状に切りとられている。遠方に広がる特有な蒸気は、すべてを柔らかく包み、そのままでは荒々しく険しい形態となるものを覆い隠している。影は決して深くも濃くもなく、岩壁や樹木に一条の光も刺しこまないほど暗い層を成しているわけでもない。きわめて調和のとれた色調が大地と天空と水を結びつけている。すべての表面が、色彩の微妙なグラデーションによって、次から次へと結合されており、ある色彩が終わり、別の色彩が始まる境界を定めることができないほどである。たしかにあなたは、クロード・ロランの風景画の中に、自然界よりも理想的で美しい光を賛嘆していた。そう、それがローマの光だ［図2］。

このような背景があると、あたかもティッシュバインの有名な絵画の中のヴォルフガング・ゲーテのように［図3］、ルイス・クペールスが朽ちた墓や柱頭に身を横たえているのを容易に想像することができる。しかし、もしわれわれが、彼を現代都市たるローマに住まわせようとするならば、彼はもはや前景を占めることなく、いわば片隅で、あたかも古の聖会話の絵画における敬虔な注文主のように、きわめて小さな人物として身を潜めることになる。

それゆえわれわれは、クペールスが数年間住んでいたローマについて描写することにしよう。そしてときおり、「この側面は、この出来事は、彼の関心を惹きえたのだろうか」と自問することにしよう。ディエーゴ・アンジェリが、今世紀の最初の年に刊行された『感傷的なローマ』(Diego Angeli, *Roma sentimentale*) において、描写していた都市の様相がなかったどうか考えてみよう。「ローマの博物館、ヴィッラ、田園、静かな宗教的区域、通り、回廊、庭園、パラッツォは、おそらくいずれも愛の弁論家であり、その各々の祭壇が選ばれることを待っているのではないか。……ああ、沈黙と夢想の都市よ」。アンジェリが行なった描写が明示しているほどではないにしても、たしかにローマはまだ魅力にあふれていた。ダンヌンツィオの『快楽』(*Piacere*) の影響をうかがわせるこの描写は文字どおりに受けとれないにしても、実際、第一次大戦以前には、地方の黙した町々のように、静かな街区が存在しており、いまだに諸世紀の錆で覆われ、グレゴロヴィウスが述べたように、中世の憂鬱な魅力が染みわたっていた。そこには、「復讐するマルス」(マルテ・ウルトーレ)の神殿やネルウァ帝のフォルム(フォーロ・ディ・ネルウァ)の柱廊のような遺跡［図4］が、狭い路地の中に部分的に露出し（のちにフォーリ・インペリアーリ通りの建設によって破壊された）、『ローマ市の驚異』(*Mirabilia Urbis Romae*) の伝説的な時代を想い起こさせた。古代と現代の共生が、モザイク状の結合が、時があたかも自然につくりあげたかの嵌合(インカストロ)

図1——— クリストファー・ヴィルヘルム・エッカースベア
《アチェトーザの泉》一八一四年
コペンハーゲン　王立美術館

図2——— クロード・ロラン
《踊る人びとのいる風景》一六四八年
ローマ　ガッレリーア・ドリア＝パンフィーリ

図3——ヨーハン・ハインリヒ・ティッシュバイン
《カンパーニャのゲーテ》一七八六—八七年
フランクフルト　シュテーデル美術研究所

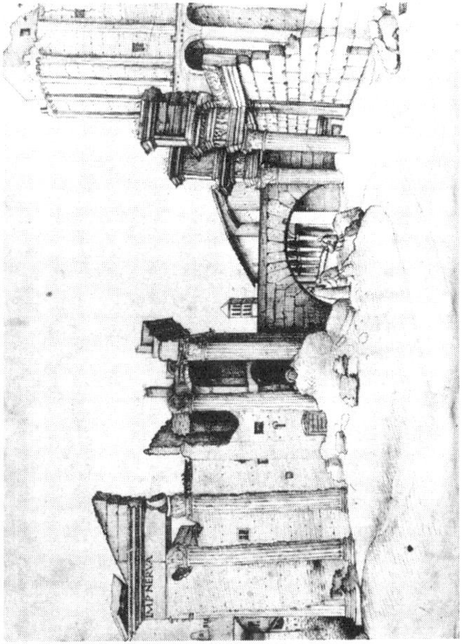

図4——《ネルウァ帝のフォルム》
一四九五年頃
コーデクス・エスコリアレンシス（Fol. 57v）

が存在していたが、それものちに、古代の遺物の調査と整理によって混乱させられ、破壊されてしまった。いままでは荒涼たるモンテ・ジョルダーノ付近、カッペッラーリ通り、ペッレグリーノ通り、モントーロ通り、モンテヴェッキオ通り、ズィンガリ広場に近い路地が、一八六四年にコヴェントリー・パトモアが「私が見た中でもっとも悲惨な、偉大なる都市」と定義した都市のイメージを保持してるのだから、チェリオの丘やアヴェンティーノの丘も手つかずに残り、コロッセオを越えて、埃っぽく静かな道がカラカラ浴場まで続いていたことだろう。

メトロノーニア門からサン・ジョヴァンニ・ラテラーノ聖堂とサンタ・クローチェ・イン・ジェルサレンメ聖堂まで、視界が建造物によって遮られることもなかった。サン・ジョヴァンニ門からは、アルバーニ丘陵の傾斜地が、ナポリ湾を想わせるような三日月形に広がっていくのが見えた。サン・ジョヴァンニ門の外側では、家屋はまばらで、小ヴィッラが点在し、そのひとつにエミリオ・チェッキが住んでいた。もしこの地域が現在のような様相を示していたならば、彼はきっとそこにとどまっていなかっただろう。モンテ・マリオの丘からは、すでに平野の建造物が丘と都市を分ける空間を埋めていたが、ローマを俯瞰することができた。ウラジーミル・ナボコフの小説において、少女の愛らしい身体が、「女性の卑俗な肉という棺」の中に生きながら埋葬されているのを見て嘆く場面があるが、それも歳月がもたらす必然的な結果なのだ。ところで、ローマもわれわれの記憶するかぎり、優雅で嘆賞すべき身体を保持していたが、いまやモンテ・マリオの丘からは、世界のどこにおいてもそうであるように、現代的家屋の海の間、東南に、灰色の栄養物からなる凝血‐球（グルモロ）のような小島をかろうじてかいま見ることができる。それがささやかな、古のローマの魂（アニマ）、むしろ膵（アニメッラ）だったのである。

しかし、一九世紀末の著作家たちは、外国人によって讃えられたローマの消失をはやくも嘆いていた。つとに一八九二年に、上述したクペールスの作品に登場するヘアの言葉によれば、「サルデーニャ人の二二年間の統治は、ゴート人やヴァンダル人の侵入にも勝って、ローマを破壊した」。それにもかかわらず、アッピア街道は、いまだにこの世とエリュシオン［至福の地］を結ぶ道であったし、カザーレ・ロトンド［アッピア街道随一の墓石］にいたると、都市からも時代からもかけ離れた印象を受けたものである。パラティーノの丘は、すでにジャコモ・ボーニによって発掘されて整備されていたにもかかわらず、その頂上にはまだ、一九世紀風の奇妙な帽子に似たヴィッラ・ミルズが建っており、まさにクラーナハ描く裸のウェヌスが頭に戴いた帽子のように場違いの雰囲気を醸しだしていた。一九世紀初頭に形づくられた、教皇たちのローマが持つ相貌の痕跡は、次第に消え去っていたが、それでも一部は残存していた。すなわち、神々の住居は田舎の農耕地と堕し、庭園の大部分は菜園と化していたが、無関心と野生化が、古代の輝きを見え隠れさせて、ある魅力を伝えていた。その魅力にはじめて気づいたのは、何度もくりかえしてそれを語った外国人であった。この点で、ウォルター・ペイターが、ローマ帝国衰退期の銀の時代に芳香を放った、エピクロスの徒マリウスのヴィッラについて行なった描写ほど的確なものはないだろう。この洗練されていると同時に卑俗で、人間性にあふれた特質を、性急で皮相的な批評家ならば「ピクチャレスク」というカテゴリーに分類するだろう。しかしそれは、日本人が時の経過の中で、人間の手が触れることによって光沢が増した銀器を愛でるような趣好に呼応しているのである。この特質は、一八七〇年以後、とりわけここ五〇年のうちにはほとんどすべてが破壊された。長い歳月をかけてさまざまな事物の調和が生まれていたところに、相容れない二つの世界の対立がとってかわった。つまり、世界中に知られた、もっとも豪奢な骨董屋の中に、カッシーナの古道具市が勝手気ままに乱入したのである。

例外的な情況をつくりだし、都市を一種の「インド人居住区」に意図的に変えておけば、教皇たちのローマが提示した、異種の要素が織りなす独特の均衡は保持できたかもしれない。そうすれば、異種の要素といっても、たとえばマラリアのようなものは、いかなる市民国家も今世紀に存在を許してはおかなかったかもしれない。ベルギーの経済学者E・ド・ラフェレイエの次の判断は、ロマン主義的なパラドックスとみなすことができるだろう。「永遠の都市を囲む荒野は、この都市の特徴と完全に調和している。マラリアが消滅したので、ローマはもはやそれを囲み閉じる厳粛な孤独を、魂の歌唱と沈思黙考にかくも適した孤独を持つことはないだろう。幸運のマラリアよ……」。彼以前にも、ヴィルヘルム・フォン・フンボルトが、一八〇三年にゲーテに宛てて次のように書いていた。「同様に懸念される恐るべき事柄が二つあります。つまり、ローマ平原を開拓し、さらにローマを規律ある都市にしようというのです。……ローマはいとも神的な無秩序によって、そしてローマ郊外がいとも天上的な孤独によって治められてはじめて、その影のもとに、現代のすべての人々よりも唯一の優れるローマ市民のいる場所が確保されるのです」。さて、魅力にあふれる光景の中で死の現前も、ボードレールやフロベールに霊感を与えたのであるから、単にロマン主義的な常套句だったわけではない。そして、二流画家エルネスト・エベールの、一八六〇年のサロン展で入選した絵画《マラリア》にさえも、われわれは荘厳、悲哀、偉大、恐怖の、当時は至高の美とみなされた深い旋律を識別できるのである［図5］。

ローマの魅力を奏でるこの主旋律は、あまり雄壮ではない変奏曲として、ヴィッラ・ルドヴィージ［図6］やヴィッラ・コルシーニ（現在でも一八世紀の小楽園の一部が残っている［図7］）など、荒れ果てて半ば野生化した大庭園の哀愁を帯びた喜悦の中に暗示されていた。そしてこの旋律の傍らに、田舎の首都のさまざまに彩られ、生気に満ちた様相を形成する無限に多様な対象が存在していた。このコントラストは、最初の瞬間は多くの訪問者をはねつけるとしても、そののちには訪問者の生活自体の一部分となり、ローマへの愛のもっとも強固な絆をつくりだすのである。

クペールスの時代にはまだ、人々が眠っている時間に、羊の群れがアグロ・ロマーノのある地域から別の地域へ移動するためにこの都市を横切り、山羊は毎日、牛乳を家々へ運び、昼間には、神学生たちがピロッタ広場にある教皇庁大学へ向かうために横切っていた。彼らの上着は、しばしば鮮やかに、背中に赤と群青の十字架を配した白や、あるいはドイツ人のように紫や赤で彩られ、絵葉書に「諷刺されて」描かれた。パンテオン近くのホテルの窓に出てみれば、人間や驢馬によって引かれた荷車を見ることができた。典型的な荷車は、彩色された幌をつけ、カステロッリのワインを詰めた小さな樽を積んでいたものである。スペイン広場では、山賊の時代のような、革製のサンダルを履いたチョチャーロ［ラツィオ州南部の農民］が、画家のモデルに雇われようとやってきた。ジュリア通りでは、トマスの時代のように、頭巾を被った者たちの行列が、恩寵に満ちた死に平安をもたらそうと進んでいた(『ローマの一年』)。中心街の路地には、ガリバルディ義勇軍とイタリア歩兵隊の服装に身を包んだ、修道士と寄宿学校の生徒の隊伍が見られた。ローマの祝祭でもっとも有名なカーニヴァルは、すでに大通りから消え失せ、舞踏会の中へ移行していた。そして一八八五年には、「市民と文化のための」競馬が完全に廃止されていた。「チルコロ・アルティスティコ」のカーニヴァルを復興させようとする試みは成功しなかった。チェルヴァーラの仮装した芸術家たちによる最後の騎馬行列は一八九〇年に行なわれ、『クロナカ・ビザンティーナ』が唱導する、当時の文学的流行に鼓吹されて、ユスティニアヌス帝やテオドルス帝のような登場人物が出現した。

そのまた一方で、ローマにはパリの気紛れが忍びこんできた。一九〇一年に改装したマルゲリータのサロン「カフェ・シャンタン」は、「光の都市[パリ]」の演し物を模倣し、一九〇二年一月にはベッラ・オテーロのバレエを上演した。ルドヴィージ地区は、北方の諸首都にある住宅街の月並みな模倣となった(少なくもジェイムズ・ジョイスは、一九〇六年から一九〇七年五月の間にこのような判断を下している)。マカオ地区は、ウンベルト一世の時代には一種のモンソー公園[パリ八区]のようだったが、その趣好も二〇年しか続かなかった。

同一であった住民の性格が、北部の「山だし」的要素と南部の「田舎者」的要素の移転によって変化をきたした。一九世紀初頭のベッリのソネットと末期のパスカレッラのソネットとの対比は、様相の深い変化を示すだろう。ベッリのローマは、彼の詩と同様な味わいを、すなわち、粗暴さと無作法と壮大さの調和を、また多様な母語の混合ではあるが、ひとつの言語を持っていた。ベッリのローマ語のソネットには、粗野で荒々しい民衆の慣習が照らしだされている。この慣習のもとで、闘牛や競馬という素朴な娯楽が生まれ、利害関係だけではなく親戚関係によって結ばれた単一の均質な集団である、肉屋の階級が生まれたのである。この階級は、いまだにローマに見いだされるような、明瞭にわかるひとつの体格を共有している。つまり、この暴力的な人々が、白ワイシャツを着た善良な老人の、従順で無気力な一群を形成したのであり、この一群は、気高い相貌の傍らで、一九世紀のブルジョワを特

図5——エルネスト・エベール《マラリア》一八五〇年
パリ　エベール美術館

図6——ヴィッラ・ルドヴィージ

図7——ヴィッラ・コルシーニ（上）とその楽園を模した庭園（下）

徴づける「ビーダーマイアー」という呼称こそがふさわしい、穏和で凡庸な性格を見せていたのである。

しかし、チェーザレ・パスカレッラがローマ王国布告五〇周年にあたる一九一一年七月八日に、アルジェンティーナ劇場で「わが歴史」という近代ローマ語のソネットを朗誦したとき、この詩人を勝利者として熱烈に歓迎したローマ市民は、一九世紀前半のローマ市民とはまったく異なる性格を持つようになっており、一八四九年のローマ侵略とガリバルディの退却についての詩行を聞いて涙を流したのであった。

その頃には、不幸なアビシニア［エチオピア］戦役によって増長され、また無数のストライキと社会主義の興隆で示された労働者群の覚醒への反動として感傷的な愛国主義の雰囲気が醸成されつつあった。一九〇五年の挫折したロシア革命は、労働者階級の共感とブルジョワ階級の恐怖をもたらした。後者は一九〇四年にミラノで、また一九〇八年にボローニャで、ファシストたちに先駆けて、反応を示している。今世紀初頭の首都ローマへの聖職権主義者の侵入という黒い危険に、「赤い危険」が続いた。マメーリの詩による「讃歌」［イタリア国歌］をもとにした次の詩節が真面目に書かれたとは、現在では誰も思わないだろう。

悪辣な党派が
突如地獄から這いだして
永遠なるものに向かって
激しく猛り狂う。

イタリアから、われわれから
遠くへ赴け、社会主義者よ。
おまえが、こちらを見るだけで

嫌悪が走り恐怖を覚える。

イタリアを、この麗しい
花の国を、かくも人騒がせな
一団が荒し回ったことは
一度もなかった。

こうしたアジテーションや、プロレタリアートに犠牲者を出した警察の発砲や、「ダンディな」社会主義者エンリーコ・フェッリの弾劾演説や、真面目きわまりないフィリッポ・トゥラーティの論文や、コッラディーニの愛国的弁論は、われわれの善良なクペールスの関心を惹いたであろうか。プロレタリアートの女性詩人アーダ・ネグリに、そしてペッリッツァ・ダ・ヴォルペードが一九〇一年に行進中の民衆を描いた《第四階級》［図8］に彼は気づいていただろうか。国家主義者たちがモットーとして援用した、ダンヌンツィオの「船」(*Nave*)の詩節、「すべての大洋をわが海とせよ」と「船首を武装し、世界に船出せよ」は彼の耳に届いていたのであろうか。クペールスにとってイタリアは、かくも汲々とし、災厄、金融や建築事業の危機、農民のストライキが引き起こした混乱、地震、そして支配階級の無能（ジョヴァンニ・ジョリッティのような有能な船長を有していたにもかかわらず）を積載してはいても、彼にとってイタリアは、「麗しい花の国」のままであったと考えざるをえない。

「ラ・ヴォーチェ」紙に、そして未来主義に端を発する芸術的運動はクペールスの関心を惹いたであろうか。一八八一年以来、オペラ劇場の舞台を総なめにしていたバレエ『バッロ・エクセルシオール』の進歩主義的な純真な夢や、遠い過去にも近い過去にも活躍した著名なイタリア人の記念碑をつくるべく燃えあがり、ヴィットリオ・エマヌエーレ二世の記念碑で最高潮に達した熱狂と、真に強力で均衡のとれた国家を固めようとするさいのイタリア人の無力との対照は、彼に強い印象を与えただろうか。サッコーニによって案出された、あの巨大な建造物［ヴィットリオ・エマヌエーレ二世の記念碑］は、古のローマの心臓を引き裂き、伝染病的で、その白色のゆえに不吉でもある警告を発していた。すでに言われていたように、この白は墓石の色であり、メルヴィルの白鯨のように不吉である。白とは、「人間を何にもまして打ちのめす事物の凝縮」である。メルヴィルの言葉によれば、白がわれわれを打ちのめすのは、その曖昧さによって、宇宙の空虚と広大さを覆い、「無」の思想によってわれわれをまとめて突き刺すからである。「われわれがこれらすべてを熟考するならば、麻痺状態の宇宙はわれわれの面前にハンセン病患者として現われる。そして、サングラスをかけるのを決然と拒否した、ラップランドを歩く旅行者たちのように、惨めな不信心者は、目が眩むまでに、あらゆる内部の光景を包みこむ白い巨大な布に眼を凝らすのである。白鯨は、こうしたことすべての象徴である」。

エミリオ・チェッキは、ヴィットリオ・エマヌエーレ二世の記念碑［図9］を、「砂糖のフリーズに飾られたパルテノン神殿」、「どろどろし、粘っこく、白っぽい脂肪によって、下方へあふれ落ちながら、周りはぐしゃぐしゃにつぶれた脂肪によって埋葬された大建造物」と定義した。この記念碑が建立された当時の別の人物は、記念碑は「市民の忠情を雅量のある事柄へと引きあげる」、未来への責務であると記した。象徴主義者であったクペールスに対して、この記念碑は、それが聳えることになった場所に鑑みて、何かの象徴を示唆したであろうか。常に趣味人を苛立たせたように、古代ローマの崇敬すべき遺跡の傍らにある、この大仰で無価値の芸術は彼を苛立たせたであろうか。彼がそこに運命の象徴、ある「宿命(ノートロット)」を見たとしても、それはありうるだろうし、驚くべきでもないだろう。一九一一年の祭典で生じた公共財産の浪費が、その後も引き続き存続した悪しき統治の象徴であるように、あの栄光の白い幻影は、イタリア人にとって、野望と現実の不均衡を考慮しなかったために苦い代価を払うことになる、誤った目的を表示している。

ヴィットリオ・エマヌエーレ二世の記念碑は、パリやペテルブルクのような巨大な空間と際限のない眺望を持つ

図8———ペッリッツァ・ダ・ヴォルペート
《第四階級》
ミラノ　市立美術館

図9———フランチェスコ・パオロ・ミケロッティ
《ヴィットリオ・エマヌエーレ2世の記念碑》
1911年完成

た都市とは異なって、幾世紀もかけて形成されてきた都市ローマに、巨大な空間というヴィールスを蔓延させた。おそらく、ネフスキー通りやシャンゼリゼ通りなら、あの白い遮蔽物として自らの居場所を持ちえただろう。だが、コルソ大通りという切り通しの突きあたりでは、なんとも言いがたく不釣りあいである。「第三のローマ」の都市計画者たちは、誤った道に迷いこみ、一九世紀の半ばにさしかかるころにルタルイイがローマのパラッツォの報告において最終的に示した魅惑的なローマの筋書きを破壊するのが精一杯だったのである。今世紀の初頭には、イタリアはまだ、実に貴族的ではあるが、長くかかった大層な係争ののちに、ようやく先祖のパラッツォを手に入れた貧乏な一族のようであった。そして、偉大な国々に伍するようにと急いで、ローマに他の首都の現代的な壮麗さを導入し、パリやロンドンやウィーンのような住宅街を生みだし、博覧会を催し、元首を戴き、植民地帝国の首都を創出しようとした。イタリア近現代史は、悲-喜劇の格好の題材であった。クペールスはそれに気づいたであろうか。ブルジョワジーの演劇を理解する才がありながら、その眼をヘリオガバルス帝の古の娼婦へ向けたことは、遺憾とするところである。

（一九七四［伊藤博明訳］）

二人の黄昏派の年代記に見るローマ

一九世紀初頭に突如として隆盛を極めたボナパルト家は、そののち一世紀の間に、多くの家系が痩せ細り、消えていくのを見ることになった。残存したのは、かつてのウェストファーレン王、ジェロームの何人かの子孫だけで、その中には王位志願者のルイ・ナポレオンと、ルチャーノの家系で、ギリシア王妃であり、かつフロイトの弟子だったマリーア・ボナパルトが数えられる。彼女は、もしルーゴン＝マッカール家のパスカル博士［エミール・ゾラの小説の主人公］のように、残った全精力を一族史の執筆に費やしたならば、『エドガー・ポー』のような才気に満ち、常軌を逸した精神分析的小説によって、われわれを驚愕させることもできただろう。

一人の天才を生みだしたことできわめて有名ではあるが、このイタリアの古い一族、ボナパルト家は貴族ではなかった。そしてまた、運命の輪の頂点へと登りつめたときでさえ、君主や国王から大量の称号を贈られたにもかかわらず、貴族に列せられる機会をもたなかった。ここでは中世に起こった「優美さとは何か」という古い議論をとりあげず、そのもっとも広い定義で満足することにしたいが、しかしそこでわれわれが見いだすのは、ナポレオン一族が、その中の一人によって最高度に所有された「徳力」によっても、また「立派な振る舞い」によっても際立っていないという事実である。さらに、ナポレオン家に関しては、いかなる幻像もつくられてこなかった。彼らは、最初の王の世代においては「成りあがり者」だったし、次の王の世代においてもそうだった。それゆえ、新古典主義的流行が大理石やキャンバスや詩句（あるいはステファノ・エジディオ・ペトローニの『ナポレオン家年代記』）に刻印を押した、皇帝とその親族のアレクサンドリア風の神格化よりも、荒々しく堅牢な、民衆的な特色によってナポレオン時代を表象するエピナル版画の力がわれわれを納得させてくれる。アンドレア・アッピアーニ［一七五四―一八一八］もまた、トラヤヌス帝の円柱を模範にした繊細な明暗法によってナポレオンの栄光をわれわれに伝えようとしている。憲兵と太りぎみの騎馬憲兵が、膨らんだ甲冑とサフラン色の兜を身につけ、竜騎兵、槍騎兵、軽騎兵は、蒼白の大砲から噴きでる煙が大きな羽毛の形をつくる中、早足のギャロップで進み、この騒がしい光景の只中にあって、双眼鏡、カンテラ、塩豚を手にして、お腹をちょっと突きだした小さな伍長が落ちつきはらい、宮廷芸術家によるホメロス的神とはきわめて異なる姿で、大衆の前に現われている。われわれは、このペルラン家の粗雑な版画を面前にして、いっそうこの時代の雰囲気を吸いこんでいるように感じる。

しかしながら、ディエーゴ・アンジェリはこのようには考えなかったに相違ない。というのは、彼は『ローマのボナパルト家』（Diego Angeli, *Bonaparte a Roma*, Mondadori, 1938）の中で、新古典主義的なところがほとんどなく、もちろん民衆的でもなく、逆に世紀末のラファエロ前派的な洗練を多く具えた一連の優雅な伝記的記述によって、ナポレオン家の像をわれわれに提示しているからである。この洗練にアンジェリは——これは、彼の、妥協とは無縁な、純粋な精神の名誉のために述べておくのだが——最後まで、完全に忠実であった。アンジェリのローマは、多かれ少なかれ、『マダム・ジェルヴェエゼ』［ゴンクール兄弟］や『快楽』［ダンヌンツィオ］のローマであり、繊細なパステル画によって描かれた、芸術的‐センティメンタルな光景と、死に絶えつつある一族の最後の子孫にとってきわめて適切な背景となるローマであった。つまり、バーン＝ジョーンズのガラス窓に見える天使の衣裳の濃い青のように、この特権者たちのきわめて高貴な蒼い血が、この背景のもとに浮かびあがるのである。ロマンティックなローマと流刑中の君主たちとは、なんと驚くべき二項式ではないか。しかし、この君主たちとはボナパルト家の君主たち、すなわち、青白いヒヤシンスのように折れ曲がるイメージをつくるには詩人の想像力も並大抵のものではまにあわない人々なのである。

もちろん、女性たちの姿形の方は、洗練された遊戯に適している。カニーノ公と彼の最初の妻クリスティーナ・ボワイエの娘、ロロッテは、「ほとんど田園の小さな花のひとつのようであり、彼女の秘められた優美さを見いだし、隠された芳香を吸いこむためには、きわめて近くに寄る必要があった」。彼女の母、クリスティーナは、グロ男爵の絵画において、「レーテの川［黄泉の国を流れる忘却の川］の岸辺にさまよう影のように表現されている。この美しい女性は、物想いに耽った眼をして、川の水面に落ち、流れにのって消えていく一輪の薔薇を眺めている。これこそ、短い生涯の真のイメージである」。パオリーナ・ボルゲーゼの出納帳を見ていると、細かくつけられた帳簿が突如として愛の詩編へと道を譲る。「彼女は、メランコリックなさすらいの生涯の、最後の数年においてもまだ、やっかいなものから自らを解放してくれる自由を熱く夢見ていた。ハウトメスニルの領主の現実的で冷徹な数字の間に、情熱にあふれた小詩を読むと、ナポレオンの美しい妹のイメージが突如として現われる。……それはまさに、ローマの秋を飾る美しい日没——その反射によって、教皇の大建造物の破風や枢機卿のヴィッラの豪奢な木立を、適切な光で生気づけているように見える日没——のひとつである」。「哀れなパオレッタよ」とアンジェリは、彼女に捧げられたエッセイの第一行目から叫んでいる。続いて一群の女性たちが現われる。「ローマのボナパルト家の苦悩を背景として、あたかも消えゆく影のように動いている女性たちの青ざめた肖像……。彼女らには、強いられた沈黙の中で生活し、苦痛に喘ぐ傷や、熱を帯びた額のすべてに白い手を置いて、傍らにともなって慰めるという女性の神々しい特権が属していると言いうるだろう」。そして、この『楽園詩編』［ダンヌンツィオ］の情緒に包まれて、「さらに、いくつもの果てることのない影」という悲嘆にくれるリフレインに沿いながら、これら青白いベアトリーチェたちがどこまでも続いていく。「すべての中でもっとも影の薄いのはルチャーノの末娘のコスタンツァで、彼女は修道女として、修道院の宗教的平安のうちに幸せな時を過ごした」。ジュゼッペ王とジュリア王妃の娘、カルロッタは、とりわけ「ロマンティックな王女」だった。アンジェリは、彼女をフィレンツェのパラッツォ・セッリストーりを背景に描いている。「ヴィルヌーヴの夫人を手伝うのが、子どもたちの楽しみだった。彼女は、毎夕、川のように長い蔓棚をつくっている香水木と撫子に水をやっていた。時間は緩慢に、またメランコリックに、丘の影と川の悲しげな冷気の間に閉ざされた、フィレンツェのはるかな一隅で過ぎていった」。カルロッタは、ポーランドからの亡命者の子を身籠もり、そののち、旅行の疲労から激しい出血をして死亡した。アンジェリは次のように閉じている。「こうして、『詩人たちの夢の中のお気に入り』だった若い婦人は、悲劇的な結末を迎えた。この大きな不幸を生みだしたポーランド人については、当時もそののちもまったく知られていない。彼は、『騎士らしく』、影の中に消えてしまった」。アンジェリが周りに配した感傷的な雰囲気から、野獣の犠牲となった優しい少女を想像してしまいそうだ。このような魅力にあふれた追憶に魅了されて、われわれは、カルロッタが二七歳で、人生経験の豊かな女性であったことを忘れていた。

男性たちについては、とくにメランコリックな人物像が、アンジェリを魅了する契機となった。パオロ公は秘密を自らの内に抱えながら、銃弾に倒れた。この秘密とは、「女性への愛か。栄光への愛か。おそらくは両方であり、またむしろ、一方が他方を引き起こしたのである。いずれにせよ、彼の姿は、ナポレオン家の暗い悲劇の中で、シェイクスピアの〈夢の影〉のように消え去るように思われる」。フェッシュ枢機卿は、夕べに、パラッツォ・ファルコニエーリから、テヴェレ川の向こう岸の修道院の鐘楼が鳴らす音を聞いていた。この鐘の音は、信者の施しが少なく、食卓の必需品を調えることができないことを告げ知らせるものだった。「私は、この偉大な聖職者以上にロマンティックに宗教的な肖像を想像することができない。ボッロミーニによる美しい回廊の上から眺めると、かすかな霧がテヴェレ川から立ちのぼり、彼のパラッツォの壁に達し、彼方では、太陽がジャニコロの丘の松と糸杉の背後で、赤く染まった黄昏の中に沈んでいく。そのとき、彼は施しを求める呼びかけに耳を傾け、そして身体を回復させ、魂の要求に祝福によって答える籠を送ろうと準備していた。その間にも、ローマの鐘楼はアヴェ・マリアを奏でていた」。

アンジェリの書物は、これが生まれた場所パラッツォ・プリーモリの雰囲気に完全に調和している。つまりこのパラッツォは、ボナパルト家の多くの珍しい遺品にもかかわらず、ナポレオン的でも新古典的でもない。それどころか、一階の大広間からはサヴォネリ［王立絨毯織場製の絨毯］の大きな絨毯がとり除かれ、現在の持ち主の慧眼な選択によって集めた品々が配置されており、この環境からはいかなる幻想も生じえないのである。パラッツォを占める部屋という部屋に、とりわけアール・ヌーヴォー様式のカルトゥーシュで装飾された図書室に息づく雰囲気は、世紀末の雰囲気である。プリーモリおよび友人のブールジュとダンヌンツィオは、ナポレオン家そのものよりもはるかに専横な影と化している。ここの訪問者は、他の部屋にもまして、壁全体がダニエル・バック［一八三一―一九〇四］の水彩画で覆われた部屋を連想するにちがいない。この水彩画は第二帝政期の人物たちをも想い起こさせる。その一方で、画家の胸像が、見せかけの黄金色で塗りたくられた恐ろしい顔に悪魔的な冷笑を浮かべながら、自らの凡庸きわまりない作品を眺めている。ここでわれわれは、ボナパルト家よりもジャン・ロラン［一八五五―一九〇六］と彼の奇怪な小間物たちの近くにいるのである。別の部屋では、ありふれたタイル張りの床や、水晶のプリズムで輝く模造シャンデリアがわれわれを途方にくれさせる。そして、一八三〇年代風のずんぐりしたソファー、細い櫛ケース、貝殻をちりばめ埃をかぶった東洋の壺が、われわれに「女神」パオリーナの姿を想い起こすように誘う。われわれはアンジェリとともに、その意図は異なっているが、「哀れなパオレッタよ」と叫ばずにはいられない。アンジェリ自身も気づいていたこの目障りな不調和は、それを乗り越えられても償うことはできない。しかし、パラッツォ・プリーモリを支配する世紀末の臭気は、ある種の魅力がないわけではない。このパラッツォは帝政様式の環境にもないし、冷たい博物館でもない。つまり、アンジェリの書物と同様に、正史としての歴史ではなく、愛すべき生き生きとしたノスタルジーを具えているのである（一九三八）。

「異議申し立て」がまだ存在していなかった時代――アドルフォ・ヴェントゥーリが白手袋をして講義を行ない、

トロンペーオの講義に感激したある老婦人が、講義が終了すると、美しい彼の手に接吻する許しを請うた時代——に、トロンペーオ教授の熱心な学生だったマッシモ・コレザンティとジョヴァンニ・オリオーリの編集によって、著名なスタンダール学者で、また（その言葉の最上の意味で）ローマ主義者であったトロンペーオの三著作、『マルガーナ広場』(*Piazza Margana*, 1942)、『太陽の階段』(*La scala del sole*, 1945)、『再び見いだされた時』(*Tempo ritrovato*, 1947) が、一冊本となって刊行された（Pietro Paolo Trompeo, *Piazza Margana con altri Itinerari romani,* Roma, Mario Bulzoni Editore, 1969)。印刷された九九九部は飛ぶように売れるにちがいない。というのも、ローマの事柄の愛好家は数多いし、またこの一巻は、ローマという名の庇護のもとに、使い古された逸話や陳腐な余談を信じこまされる、よくある焼き直しではないからだ。「珍奇な逸話が満載された書物は真の喜悦である」とトロンペーオは書いている。まさしく彼のこの著作こそ、そのひとつである。彼が語る逸話は、学識ある古物収集家であったカンチェッリエーリ神父の諸巻のように、生気を欠いた走り書きではなく、自分のカード箱の項目群から叙情的な精髄を表現することを心得た「孤独な散歩者」の手練の技によって表現されている。「私は、項目群の中から、とりわけ美しい五つの宝石をとりだして、展示した」と、トロンペーオは、ローマの民衆の口にのぼったいくつかの「微笑ましい言葉」に関して書いている。われわれはここに、ダンヌンツィオの洗練された言明が、親密でブルジョワ的な響きで届いてくるのを聞いているように感じる。ダンヌンツィオが述べるには、「ときおり、ある神秘的な言葉が私の心に蘇り、私を陶然とさせる。これらの言葉は、異国の人には空虚でそらぞらしく聞こえるだろうが、私の内部に響きわたって、いわく言いがたい深い反応を生みだすのだ」。「エル・ノッキリーア（er Nocchilìa）」という言葉は、ダンヌンツィオにとっては美しく響きのよい言葉が問題だったようだが、トロンペーオにとってはローマ風の奇妙な響きを持っていた。彼によれば、この言葉は、「おののきの曖昧な印象を、古代の驚愕のかすかな記憶とも呼べるものをもたらす」。そして彼は、少年期の逸話を、「ぼんやりした眼を持ち、赤く長い髭をたくわえ、火事の中から逃げてきたような紅潮した顔立ちで、帽子を通行人たちに差しだしている、預言者風の大男」、すなわち、カザナテンセ図書館の入口に立つ聖母マリア像のもとにいた物乞いの姿を思いだしている。随筆文学の巨匠であるチャールズ・ラムのように、トロンペーオは少年期と過去を偏愛する異国趣味を持っていた。彼は、全員が顔見知りであった、中心部と近郊にわたる多くの「集落」からなる、かつてのローマに生まれ、そこで生涯を過ごし、この都市の隅から隅まで知り尽くしていた。そして、ローマの有為転変のすべてを回想することに決して飽きることはなかった。ダンヌンツィオがギリシアの山々の名称に魅了されたように、トロンペーオは古い通りの名称に魅了され、それらを常に記憶にとどめようとした。ダンヌンツィオは語っている。「われわれは、それらを名称をつけて呼ぼうとした。……そしてわれわれは語りあった。それはおそらくコラーチェだろう。それともアラチント山だろうかティンフレスト山だろうか。もしくは、エヴェーノ河が流れるボーミ山だろうか」。トロンペーオが愛した女性たちは知られていない。しかし彼は、サン・ジョヴァンニ・デイ・フィオレンティーニ聖堂で、リッカルディ公爵夫人と会う約束をした。彼女の声は、「ラヴェンダーの香を漂わせ、心に平安をもたらすような声」だった。どうしてそうでないことがあろうか。墓碑像もあった。「およそ肘まで剝きだしで、つけ根が何重ものレースで覆われた両腕は」、バロック期の一彫刻家によって「みごとに彫られている」。「両手は、フィレンツォーラが望んだような少し膨らんだ胸に軽く押しつけられ、その指は長くほっそりしている」。あらわな喉は、雌鳩の頸のように、窪みのところで震えている。美しい頭部を飾っているのは、後方へと広げられたヴェールだけで、彼女は、あたかも桟敷の最前部から観衆に対して、平穏な顔に喜びを表わしながら挨拶しているかのようである。ここに存在するのは、アントニオ・バルディーニの『パオリーナ、向こうに行って』の官能性と諧謔ではなく、トロンペーオのこの著作に見いだされる、「イタリアで育ち、教育を受け、第二次世界大戦の少し前に没したロシア人」、アントニオ・サルヴィアーティの二つの詩にも明らかな黄昏派の感興である。なお、このサルヴィアーティとは、編集者たちが述べているように、トロンペーオ自身にほかならない。彼は『楽園詩編』の時代の青年ではなかったし、またゴンクール兄弟のように『自然に食まれる歴史』を楽しむこともなかった。

図1——コンスタンティン・ハンセン《パラティーノの丘から見たコロッセオ》一八四一年
プライヴェート・コレクション

現代では、ローマの遺跡を食（は）む自然の多くが消え去った。コロッセオの遺跡［図1］、パラティーノの丘の遺跡、カラカラ浴場の遺跡からは、ローマ愛好者たちを魅了してやまなかった草木が剝ぎとられている。かつてトロンペーオが理想的な導者たるイタリアの最後の女王に指南した集落的親密性は侵されてしまった。トロンペーオの「われわれのために、あるいはわれわれの息子たちのために、平穏な研鑽と無欲な修練の時代が戻るだろうか」という感傷的な問いに、肯定的な答えを返すことができるかどうかは疑わしい。だが、こうした過去のことすべてに共感を覚えない現代人にとっても、この著作から学ぶところは多いであろう。たとえば、フィアンメッタ広場がチェーザレ・ボルジアの愛妾の名前に由来することを、またトッレ・アルジェンティーナ通りが人文主義者ジョヴァンニ・ブルカルドの所有していた塔（トッレ）を記念したもので、彼の出身地であるストラスブールのラテン語名「アルゲントラートゥム」にちなんで呼ばれたことを誰が知っているだろうか。この疲れを知らないローマ巡回者の案内書を携えてローマを再訪するべきだ。この巡回者は、「歩みがしなやか」であるかぎりは、探索者の美徳と図書館をかけずりまわる鼠のそれとを併せ持っていた。わびしい黄昏時においては、グレゴリアーナ通りに住んでいた、ローマのもう一人の旧友ミス・ケンプのように、パガニカ広場にあったエレベーターのない自邸の階段を、手摺につけられた昇降用椅子の助けなしには降りられなくなったのだけれど。

（一九六九［伊藤博明訳］）

ローマのオステリア

トルヴァルセンや他の外国の芸術家たちがオステリア・デッラ・ジェンソーラやリーパ・グランデのオステリア・ディ・アングラーダについてわれわれに指摘しているように、バルトロメオ・ピネッリからディトレフ・ブルンクとフランツ・カテルまで、一九世紀のよく知られた版画や絵画の中で言祝がれ、幾世紀にもわたって有名だったローマのオステリア［居酒屋］は、ダンヌンツィオが序文を寄せたハンス・バルトの著名な書物と、文学者や芸術家が言及している種々の文章を除けば、これまで体系的で現代的な論及の対象とはなってこなかった［図1・2］。いまや、ある情熱——別のより高尚な動機に値すると判断することもできよう——をもって、リヴィオ・ヤンナットーニというローマの事柄に精通した人物がこの任務に身を捧げたのである（Livio Jannattoni, *Osteria romana*, Ceschina, 1970）。次のような彼の正当化は申し分のないものと私には思える。「残念ながら、われわれは、われわれの事柄を『説明する』という趣味を持ちあわせていない。それらがいまも存在し、記録にとどめるのにまだまにあうのに、誰も一顧だにしない。それらが消失しても誰も後悔しないだろうし、諸事実と人物たちを記録できなかった、あるいは記録しようとしなかったという慨嘆もまた、全般的な無関心の中に埋没するだろう。外国との対比はわれわれを恥じ入らせ、そして、われわれのもとにおいても伝統に対する愛が、われわれの自覚につながされて具体的な形態をとりえないかぎり、われわれは恥じ入り続けるだろう」。アルプスを越えて幾度も旅したことのあるヤンナットーニは、

図1――ウィルヘルム・マルストラント
《ローマのオステリアにて》一八四七年
コペンハーゲン　ニュ・カールスベア・グリュプトテーク

北方の国々における、過去のもっとも慎ましい記憶にさえも捧げられている崇拝と民衆的伝統を豊かに保存する多くの博物館について知り尽くしている。もちろん、彼が訪れたとは思われないアメリカやオーストラリアにいけば、おそらく彼は、いくつかの博物館において数十年前まで電車で運賃を徴収するために用いられていた装置やガラス玉を容れたレモネードの瓶まで展示されているのを見ることができるであろう。パラッツォ・ブラスキにあるローマ博物館にも、過去の壮麗さを示す遺物は展示されているが、外国の都市ならばその名が冠せられた博物館の多くの展示室に示される芸術の民衆的側面については一切の記録が残されていない。厳粛な、というよりもむしろ陰鬱な展示室の中で、過去に存在したままに保存されている古代のタヴェルナ［食堂］の雰囲気はもとより、オステリアついて何かの印を探してもむだだろう。アルプス以北や大西洋の彼方の博物館ならどこでも、古の居酒屋の雰囲気に触れることができるのに。エウル［ムッソリーニが創設したローマ新都市］の、まさしく「民衆的芸術と伝統」という名がつけられた博物館に保存されている、われわれの民衆的伝統の記録はなんと貧弱なことであろうか。「ローマは、民衆的伝統を衰退するがままにし、そしてすべてを忘却してしまった」とヤンナットーニは述べる。そして次なる言葉は再びあげられた「荒れ野で叫ぶ声」である――「それは、『聖なる』都市、過去の皇帝都市の高慢さが民衆的伝統を常に日陰に追いやったばかりか、さらに加えて、イタリアのいくつかの大都市に特有と思われるある性格に、すなわち罪深いほど無頓着で、自らの記憶を浪費する性格に起因するのである」。

たしかに、多くのオステリアにおいて、カステッリ産とされるワインは本物かどうか疑わしい（ちなみに、戦争前の数年間、カンポ・ディ・フィオーリ広場界隈では、実際にワイン樽のゆすぎ水からなるものが本物のワインとして売られていた）。そしてバッコスの凱旋をローマで祝うことも珍しくなかった素性の怪しい司祭たちは、アントニオ・バルディーニがホメロス的とも言うべき形容辞「若々しき黄金」で飾ることをためらわなかった黄金の神酒の神話を事挙げした。しかし、反対にエミリオ・チェッキは、ウォルター・ペイターが『オーセールのドニ』（*Denys l'Auxerrois*）で語ったオーセールのワインと質において類似したものとして文字どおり等級を下げている。すなわちペイターは、

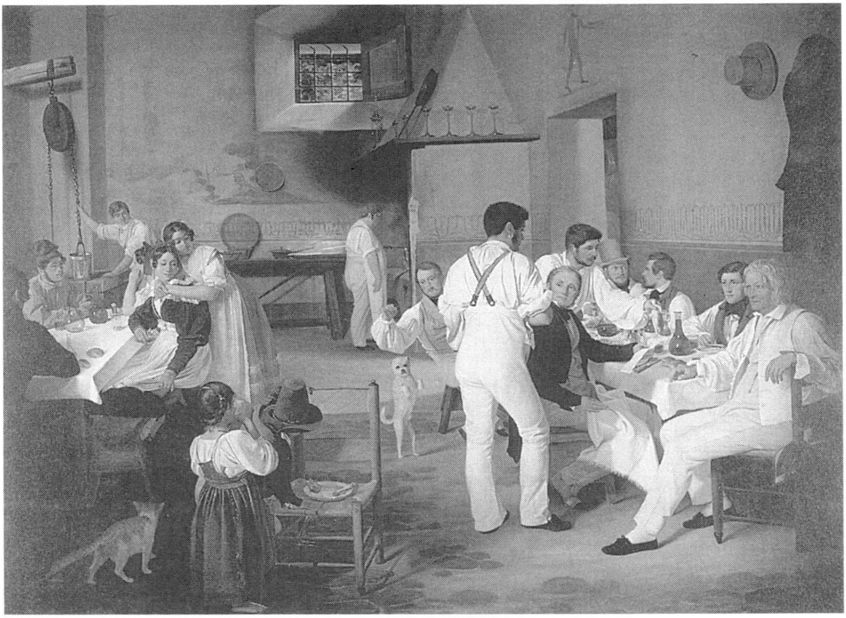

図2——ディトレフ・ブルンク《オステリア・デッラ・ジェンソーラでのトルヴァルセンと画家たち》
ヒレレズ　フレズレグスボル博物館

「瓶が空になるまえに劣化して粗悪なものとなり、実際、最良の質のものでも、栽培者たちの間では『緊箍鎖(シェネット)』とか『偏頭痛(ミグレーヌ)』という不快な名称で知られるほんの束の間の魔術」を具えたワインになぞらえたのである。しかしながら、これらを前提として、このワインを、ヤンナットーニがほのめかしているように、キャンティと並びうるとすること、そしてこの神話も、この著作の著者も、「すべてを呑みこむ者」(swallows whole［無差別に受け入れる者を示す英語表現］)と呼ばれるべき事例とすることは、わからないではないが認めることはできない。とはいえ、オステリアについてのヤンナットーニの博識な仕事はグラスを高く掲げて讃えるのに値すると言っておく必要がある。彼の著書の中に、地名学に好奇心を抱く者は大きな満足を見いだすだろう。ローマの通りの名称は、なんと多くがオステリアとロカンダ［宿屋］に由来することであろうか——有名な一例を挙げるならば、オーカ通りはエルサ・モランテとアルベルト・モラヴィアの常宿の名に由来する。逸話をたっぷり飲みこもうとする者は、大河のごとき数多くの言及——両手で這いながらローマにくることを約束したラティスボーナの主人から、アンドレ・ジッドが伝えているように、ラニエーリ産の豚のように食べたカルドゥッチまで——を見いだすだろう。歴史を詳細に調べている研究者ですら、貴重な幾杯かをすくいとることもできるだろう——たとえば、カステッロ・デイ・チェーザリのトラットリア［料理店］の記名帳を読んでヤンナットーニは、ダンヌンツィオの伝記作家たちが見過ごしていた細部、つまりこの詩人が、自らの主張どおりイタリアがオーストリアに宣戦布告した運命的な一九一五年五月二四日の夜、ここで食事を摂ったことを発見できたのである。統計に情熱を抱いている者は、あたかも黄金の神酒を飲み干した者のように、無限の数字の前で小踊りするだろう。もちろん、風俗史家についても同様であって、彼らはローマ市民の魂が、神によって創造されたままに、無垢であることを見てとるだろう。ローマ市民は、現在においても、あらゆるイタリアの地域から人が集まり血が混じりあっているにもかかわらず、ゲーテが一七八六年に書き記したのと同様に、「宗教と諸芸術の壮麗と荘厳の只中に生きながら、洞窟や野原で暮らしているような人々と微塵も異なることのない、自然状態にある人々」と書き記すことができるのである。

(一九七〇［伊藤博明訳］)

ローマの口

あらゆる大都市には人目につかない場所があり、歴史の足許には逸話が存在する。同じことは偉人についても言える。偉人たちを逸話という観点から考察した最初の人物は、一七世紀の英国人ジョン・オーブリーである。彼は逸話に大きな価値を認め、意義深いものと考え、一言でいえば、逸話の中に人物の個性を見いだした。すでにプルタルコスは次のように述べていた。「人々の徳と悪徳は、必ずしも彼らが果たした著名な仕事からよく識別できるとはかぎらない。とるに足らない行為、ひとつの言葉や冗談がしばしば、大規模な攻撃や重要な戦闘よりも個人の真の姿を照らしだすものだ」。オーブリーにとって、ミルトンがアール（r）を強い巻き舌で発音したこと、エラスムスが魚を嫌ったこと、ベイコンが子牛革の長靴の臭いに耐えられなかったこと、デカルトが片方の脚が壊れたコンパスを使っていたことは、単に好奇心を満たすだけでなく、十分に意義深いことと思われたのである。大都市の人目につかない好奇な場所に関心を抱いた、最初の人物ではないにしても、最初の人々の一人はおそらく『ボズのスケッチ集』（*Sketches by Boz*）と『商用ならぬ旅人』（*The Uncommercial Traveller*）を著わしたディケンズである。あらゆるロマン主義者がそうであるように、ディケンズもピクチャレスクなものに熱狂し、あらゆるブルジョワ・ロマン主義者、すなわちビーダーマイアーがそうであるように、それを人目につかない些細な事柄の中に探し求めた。そして一九世紀こそは、他の国々と同様にイタリアにおいても逸話の黄金時代だった。たとえばフィレンツェでは、その卓抜したルポルタージュの才能のゆえにピエトロ・フェッリーニが際立っていた。彼はヨーリックという偽名のもとに、『フィレンツェあちらこちら』(*Su e giù per Firenze*)と数巻のスケッチ集を刊行し、これらはいまも好んで読まれている。しかしフィレンツェでは、当地の逸話を愛好する人々の真正のグループが形成されることはなかった。他方、ローマでは、すでにローマ法の権威者やロマンス諸語の教授に用いられていた名称を借用して「ロマニスタ」が誕生した。近年これらローマに夢中な人々の最前列に席を獲得したリヴィオ・ヤンナットーニは、自らの著作(Livio Jannattoni, *Bocca romana,* Fratelli Palombi editori, Roma, 1968)の冒頭部で、『イタリア百科事典』(*Dizionario enciclopedico italiano*)中の「無邪気な誠実さ」によって施された「ロマニスタ」の定義を報告している。この定義の内容によれば、ロマニスタはほとんどレオナルドのようなかぎりない知性の持ち主で、ローマについてすべてを知っていなければならないことになろう。私が思うに、ヤンナットーニは私の脳裏に浮かんだ別の定義にむしろ同意してくれるかもしれない。すなわち「ロマニスタとはティトゥス門の下で蝶々を追いかける者である」、と。しかし私は、蝶々を無用なものとみなそうというのではなく、蝶々の熱烈な収集家であるウラジーミル・ナボコフと同様に大いに重要なものと考えている。

ローマの印象記が、エミリオ・チェッキが考えたように、必ずしも「修辞、素描、学識の寄せ集め」であるとはかぎらない。シルヴィオ・ネグロがヤンナットーニに説いたように、ロマニスタたちはきちんとした仕事をこなし、低級なロマン主義におちいることなく、一八世紀の廃墟画家(ロヴィニスティ)がなしえたように、ローマの荘厳さを背景にして見苦しくない点景を並べることができるのである[図1]。しかし真のロマニスタは、まさにローマのような都市にこそ〈偉大なる綜合〉の感極まるひとつの事例を発見したロマン主義者たちのように、荘厳さと儚さ、悲劇と汚濁の間の緊張を探し求めることは決してない。ロマニスタがロマン主義者であるときには、ビーダーマイアーの亜流でしかない。ヤンナットーニが引用しているアントニオ・バルディーニの文章は、こうした「ロマニスタ的」雰囲気をよく伝えている。バルディーニが愛するローマのさまざまな側面に関する、彼流の綜合の結論を引用すれば十分だろ

図1——クリストファー・ヴィルヘルム・エッカースベア
《コロッセオの内部》1815-16年
プライヴェート・コレクション

う。すなわち、「兵士の自由外出、日曜日に街にあふれる侍女たち、勝手気儘な不良たちの騒々しい叫び声、午睡の恍惚、そして世界のなりゆきにまかせる喜悦、これらを同時に感じとること」。

ヤンナットーニは次々と点景を登場させる。ヴァーノン・リーと自転車に乗るチェーザレ・パスカレッラ、ベドウィン族の装いをしたトリルッサ、カパンナ氏と自作の恋愛諷刺歌（ストルネッロ）（中でも、青年が乗合馬車で三人の美しい婦人のうちでいちばん年かさの者に席を譲ったが当然誰も座らなかった、というものは愉快だ）、六頭立ての馬車を随えるタッキア公爵、クレート・ブレーナとローマを走った最初の自動車（一八九五年製ベンツ）、ジョコンダとコッレッジャをともなった俳優エットーレ・ペトロリーニ、レオパルディとスタンダールを夢中にさせた手遣い人形師（ブラッティナイオ）フィリッポ・テオーリ、ウーゴ・オイエッティが記憶するサン・クラウディオ広場の山羊飼い、「消えた民族のうつろな言語の詩句を叫ぶ」、アレアルド・アレアルディの「年老いたインコ」のように見えるアントニオ・バルディーニ、黄色いチョッキを着たアントン・ジュリオ・ブラガリア、

「時を打ったのち、塔の時計の中に戻る三博士の一人のように」トラステヴェレ地区に戻るバリトン歌手のマエストロのルッフォ・ティッタ、ヴィットーリオ・エマヌエーレ二世の貴賤結婚した花嫁で、ヴィッラ・ルドヴィージに住んだ平民出身のロジーナ・ヴェルチェッリーナ（ヤンナットーニはヴィッラ・ルドヴィージの破壊に対して憎悪の声をあげている）、ローマにおける死に瀕した謝肉祭の最後の仮面（トリルッサはある辛辣なソネットの中で、「いったい何が残るというのか、一晩に及ぶ夜明かしの舞踏会の中に」と自問するが、夜明かしの舞踏会の語からはどうしても一対のきXXXの語が連想される）、馬小屋に一頭だけで戻る馬（おそらくこの点景集の中でもっとも詩的な箇所）、リュートとマンドリンを片手に臨む即興演奏家たち、塵芥の中の告示、反リソルジメントのロシェール公爵夫人、アンジェロ・ソンマルーガと彼の扇情に満ちた出版上の冒険。

こうした逸話が持つ危険は、滑稽さへと上滑りすることである。ロマニスタたちはジョアッキーノ・ベッリを自らの守護聖人と宣言している。しかしベッリを滑稽味のある人とはとても呼べない。普通、彼のユーモアは冷厳で、慳貪で、残酷である。実際のところ、もしベッリが彼らの聖人ならば、彼らの祭壇はさしずめ豪奢な料理が並んだテーブルだろう。そして、たらふく食べたのちに語られる逸話はまさに滑稽さへと滑りがちになるだろう。ロマニスタたちの口は往々にしてあふれているのである。

（一九六八［伊藤博明訳］）

ジュリア通りの碩学、マリオ・プラーツ
――あとがきにかえて

本書『ローマ百景Ⅱ――建築と美術と文学と』は、イタリアの著名な文学史家・美術史家・評論家であったマリオ・プラーツ（一八九六―一九八二）が一九七七年に刊行した、以下の論文集の全訳である。

Mario Praz, *Panopticon romano secondo*, Roma: Edizioni di Storia e Letteratura.

原題『パノプティコン・ロマーノ・セコンド』の「パノプティコン」とは、ギリシア語の「パン」（すべて）と「オプティコン」（視覚的なもの）との合成語であり、英国の法学者・哲学者のジェレミー・ベンサム（一七四八―一八三二）が考案した、囚人に知られずに周囲の独房を監視できる円形の刑務所とともに、望遠鏡と顕微鏡との両方の機能をもった望遠顕微鏡をも表わす言葉である。すなわち本書は、ローマという都市の「看守」を自認するプラーツが、遠くは望遠鏡を覗き、近くは顕微鏡で観察した報告集とでも評することができるだろう。とはいえ、本書に含まれている全二四編は、その大部分が、『イル・テンポ』、『パエーゼ・セーラ』、『イル・ジョルナーレ・ヌオーヴォ』の各紙などに掲載された書評であり、書評という形式を借りたローマに関する建築と美術と文学の秀逸なエッセイである。他のプラーツの著作と同様に、ローマをめぐって書かれた滋養に富むが、少しばかり辛口の都市文化論と

いうつもりで、個々の論考——無論、それぞれはそれなりに手強いのであるが——を味わい、楽しむべきだろう。なお、原題に「セコンド」（第二集）と銘打たれているように、すでに一九六七年に、同種のローマに関する二九編から成る論文集『パノプティコン・ロマーノ』（*Panopticon romano*, Milano - Napoli: Riccardo Ricciardi）が刊行されている［『ローマ百景I』ありな書房近刊］。

プラーツは一八九六年九月六日にローマで、父のルチアーノ・プラーツと母ジュリア・マルシャーノのもとに生まれた。父の祖先はスイス系で、一六世紀にヴァッレ・ダオスタに移住してきた。他方、母の家系はオリヴィエートの領主であったマルシャーノ伯に遡る。プラーツが生まれてすぐに、父が仕事の関係でスイスに移住したため、彼も幼年期を同地で過ごす。しかし一九〇〇年に父が急死したために、プラーツは母とともにフィレンツェに移り、母方の叔父アルチビアーデ・ディ・マルシャーノ伯のもとに滞在し、一九一四年まで同地の中・高校に通った。翌年法学を勉強するためにボローニャ大学に入学するが、一年を過ごしたのみで、ローマ大学に転学する。そして、一九一八年に国際法の論文を提出して同大学を卒業する。

そののちプラーツは、言語学と文学に対して強い関心を抱くようになり、一九一八年にフィレンツェに戻って勉学を再開した。一九二〇年に彼は、フィレンツェ大学文学部のジャーコモ・パローディのもとにガブリエーレ・ダンヌンツィオの言語に関する論文を提出した。次に、彼の関心はイギリス文学へと向かい、一九二三年には外務省から奨学金を得て、大英図書館で研究に励み、その成果は二五年に刊行された『イギリスにおける一七世紀主義とマリーノ主義』（*Seicentismo e Marinismo in Inghilterra*）に結実する。彼は一九二三年の末からリヴァプール大学でイタリア語を教えはじめ、イギリス滞在は八年に及ぶことになる。一九三〇年には、彼の主著の一つである『ロマン主義文学における肉体と死と悪魔』（*La carne, la morte e il diavolo nella lettaratura romantica*）の初版が刊行される。この著作は英語版がオックスフォード大学出版局から『ロマン主義的苦悩』（*Romantic Agony*）というタイトルで刊行され（一九三三年）、英語圏におけるプラーツの名を一挙に高めることになった。

一九三二年に、マンチェスター大学からイタリア文学の教授職への、またローマ大学からイギリス文学の教授職への就任の依頼があり、プラーツは後者の権利を留保したままで、その後の二年間をマンチェスター大学で過ごした。三三年に彼は、スコットランド人のヴィヴィアン・アイルズと結婚した。彼女は当時二四才であり、プラーツとはオックスフォードで知り合い、マンチェスター大学イタリア語講師を務めていた。プラーツは、彼女との間に娘のルチーアをもうけたが（三八年）、四三年に離婚している。なお、三四年には、第二の主著というべき、一七世紀のエンブレム文学を対象とした『綺想主義研究』（*Studi sul concettismo*）が刊行されている。これもまた、英語増補版『一七世紀イメジャリー研究』（*Studies in Seventeenth-Century Imagery*, 1947）によって、斯界に広く知られることになる。

一九三四年にプラーツは妻とともにローマに移って、ジュリア通りのパラッツォ・リッチに居を定める。そののち、彼は七〇才で定年退職するまでローマ大学で教鞭を執りつつ、精力的に研究と批評活動にいそしむことになる。初期の研究として重要なものは、新古典主義芸術、とりわけその室内装飾に関する諸論考であり、その成果は『新古典主義的趣好』（*Gusto neoclassico*, 1940）と『室内装飾の哲学』（*La filosofia dell'arredamento*, 1945）として刊行されている。他方、旺盛な批評活動は、主に新聞の文化欄を通しておこなわれ、ルネサンス期から現代にいたるまで、文学と芸術にわたるすべての分野に関して、稀に見る博学をもとに縦横無尽に、しかも皮肉に満ちた「プラーツ様式」（prazzesco）と呼ばれる文体で書きつづった。それらはいくつもの論文集・エッセイ集としてまとめられており、邦訳のあるもの（後述）以外には、『モティーフとフィギュール』（*Motivi e figure*, 1945）、『夜、文読む女』（*Letterice notturna*, 1952）、『名声の家』（*La casa della fama*, 1952）、『奇矯と美』（*Bizzarria e bellezza*, 1960）が挙げられる。また、パラッツォ・リッチ内の自邸の室内装飾とコレクションを論じた、自伝的な大著『生の家』（*La casa della vita*, 1958）も重要である。

一九六九年、プラーツは三〇数年住んだパラッツォ・リッチを去り、パラッツォ・プリーモリの最上階に移る。このパラッツォはプリーモリ財団の所有になるもので、彼は数年前から同財団の理事長を務めていた。そして、一九八二年三月二三日、プラーツはローマにおいて、八六歳で没した。現在、彼が暮らした住居は、そのコレクションとともに「プラーツ博物館」（Il Museo Mario Praz）として公開されている（Palazzo Primoli, Via Zanardelli 1, 00186 Roma）。

プラーツの経歴からわかるように、ローマは彼にとって、生涯を通じて「親しい」都市であった。何回訪れようと、何年住もうと、結局は旅行者にすぎないわれわれとは異なり、プラーツにとってローマは、彼の「生きた」場所であった。とはいえ、彼が現今のローマ住民と同じであろうはずもなく、彼が「生きた」のはまた、ローマの歴史でもあった。『ローマ百景Ⅱ』は、冒頭に置かれた二つの論考「亡き街路のためのパヴァーヌ」と「パラッツォ・プリーモリ」が、それぞれプラーツの住居にかかわっていることから推測されるように、自伝的な要素を意識した論文集である。その意味では、本書は紛れもなく、プラーツの個人的なローマ案内である（ところで、客観的なローマなど、どこに存在するのだろうか）。とはいえ、彼のローマについての、通りや広場やパラッツォやヴィッラをめぐる論述を読み進めながらわれわれは、個別具体的な問題を、ときにはきわめて些細な事象を扱っているときでさえも、「永遠のローマ」の諸相へと繋がっていく感覚を覚えざるをえない。そしてこの感覚こそが、プラーツの論考がたんなるエッセイに留まらないことをわれわれに示す証左なのである。

プラーツは最初の論考で、「一九一七年、私はジュリア（ユリウス）通りをひそかに発見した」と述べている。すなわち、彼がローマ大学で法学を学んでいたときである。『生の家』においても、「私は一人で、一冊の旅行案内書を片手に、小さな森のようなジュリア通りを発見した」と述べている［図1］。彼が一九三四年にローマに戻って住居を定めるとき、初めからこの通りに住むことに決めていたようだ。その理由としては、大学生時代に受けた好印象に加えて、この通りがもっている歴史的な意味について、さらにはエミール・ゾラ、ヘンリー・ジェイムズ、ブールジェ、パラッツェスキなどの文学者による言及について知識を得たことも挙げられるかもしれない。

「亡き街路のためのパヴァーヌ」は、もともとは、サレルノ、スペッツァフェッロ、タフーリが著わした『ジュリア通り――一六世紀都市のユートピア』(一九七三)への書評として書かれたものである。そこに「実現しなかった大計画の残骸たるジュリア通り」と記されているように、この通りは一六世紀初頭に、新しい都市計画の一環として企てられた。その推進者は、通りの名前となっている、デッラ゠ローヴェレ家出身のローマ教皇ユリウス(ジュリオ)二世(在位一五〇三―一三)である。ユリウス二世と言えば、教皇庁を立て直した辣腕の教皇であるとともに、盛期ルネサンス芸術の最大のパトロンであった。彼は、ヴァティカン宮殿において、ラファエッロに《アテナイの学堂》を含む「署名の間」の装飾を、またミケランジェロにシスティーナ礼拝堂の天井画を依頼した。

宮殿のフレスコ画を堪能してから、サン・ピエトロ広場を東へコンチッラツィオーネ通りを進んでいくと、やがてカステル・サンタンジェロの入口にいたる。この城塞は、一三五年にハドリアヌス帝が自分と家族の霊廟として建てたものだが、六世紀に教皇グレゴリウス一世は、霊廟の上で剣を振るってペストを終焉させた天使を記念して、この上に礼拝堂を造らせた。一五二七年の、皇帝軍による「ローマ劫略」のさいに、教皇クレメンス七世が逃れたのもここである。カステル・サンタンジェロから南へ、ジャン・ロレンツォ・ベルニーニが彫刻した天使で飾られた、サンタンジェロ橋をわたるとテヴェレ川左岸に出る。サンタンジェロ橋広場から南へ続く通りがバンコ・ディ・サント・スピリト通りで、右側に見えるのがヤコポ・サンソヴィーノ作とされているパラッツォ・ニッコリーニ(パラッツォ・アミーチ)である。ヴィットリオ・エマヌエーレ大通りと交わるオッタヴィオ・タッソーニ広場は、一九六五年にプラーツが述べているのと変わらず、現在もバスを待つ人々であふれかえっている。

この広場を右に、アッチャイオーリ通りを少し進むと見えてくるのが、サン・ジョヴァンニ・フィオレンティーニ聖堂であり、ここからテヴェレ川に沿って、シスト橋まで約1キロメートルの直線の通りが、ジュリア(ユリウス)通りである[図2]。

ジュリア通りをフィオレンティーニ聖堂からシスト橋の方向へ進むと、右側にかつてのフィレンツェ領事のパラ

図1———ジュリア通りの今昔——上は17世紀（Falda, 1676）の地図、下は現代（1970年代）のローマ観光地図

図2——現代のジュリア通り
かつてのフィレンツェ領事のパラッツォの前から
フィオレンティーノ聖堂の方へ向かって（上）、
シスト橋の方へ（下）向かって、撮ったもの。
下には右側にパラッツォ・サッケッティがわずかに見える。

ッツォが、その先にパラッツォ・サッケッティが建っている。その二階の大広間には、マニエリスムの画家、サルヴィアーティによる《ダヴィデのもとへ赴くバテシバ》が描かれている。さらに進んで、右手にサント・スピリト聖堂を見て、左の小さな通りに入り、ジュリア通りと平行に走るモンセラート通りに出ると、ファサードにポリドーロ・ダ・カラヴァッジョの単彩明暗画が描かれていた［現在は消失］パラッツォ・リッチにいたる。そしてこのパラッツォこそ、プラーツがイギリスから帰国して以来、三〇数年間住んだ場所なのである。モンセラート通りをさらに東に進むと、前に広場を擁する大きなパラッツォ・ファルネーゼが聳えている。このパラッツォは枢機卿アレッサンドロ・ファルネーゼ（のちのパウルス三世）によって一五一五年から建てはじめられた。その建造には、アントニオ・ダ・サンガッロ、ミケランジェロ、ヴィニョーラ、ジャーコモ・デッラ・ポルタといった著名な建築家が参与し、ガッレリーアのアンニーバレ・カラッチによる装飾――《バッコスとアリアドネの勝利》［一五ページ図8］を中心とするオウィディウスの『変身物語』から題材を得た一連のフレスコ画――でも名高い。現在はフランス大使館として使用されている。

ファルネーゼ広場から東に狭いヴェンティ通りに入ると、パラッツォ・ファルネーゼから建物ひとつおいてパラッツォ・スパーダが位置している。一五四〇年頃にカポディフェッロ家の住居として建てられたこのパラッツォは、人文主義的なテーマに基づき、マニエリスム画家によって制作された「過剰な装飾」が特徴的である。先に進んでパラッツォ・スパーダの角を右に曲がり、ペッティナーリ通りを南に進むと、もとのジュリア通りに戻り、その終点であるシスト橋のたもとに出る。

このシスト橋を渡り、テヴェレ川の対岸の噴水のある広場の先を右にとると、ルンガーラ通りに導かれる。プラーツはこの通りについて、「学識と洗練の漂う閑暇の道」と述べているように、ルンガーラ通りを西に進んでいくと、現在アカデミア・デイ・リンチェイと国立古代美術絵画館が入っているパラッツォ・コルシーニが左側に、そしてその前に、有名なヴィッラ・ファルネジーナが入口を構えている。このヴィッラは元来、ユリウス二世の筆頭

ラファエッロ
図3――《クピドとプシュケの婚宴》
ローマ　ヴィッラ・ファルネジーナ　ロッジャ

銀行家であった、シエナ出身のアゴスティーノ・キージの居館であり、一五一〇年頃に完成した。ヴィッラ内の装飾はラファエッロとその弟子たちに委ねられ、中でもラファエッロのフレスコ画《プシュケの物語》［図3］は現在でも当時の輝きを堪能することができる。

一方、ファルネーゼ広場から北に向かい、カンポ・ディ・フィオーリ広場を通り過ぎてヴィットリオ・エマヌエーレ大通りに出ると、パラッツォ・ブラスキの威容が現われる。パラッツォ・ファルネジーナ・デイ・バウッラーリが建ち、サン・パンタレーオ広場を挟んでパラッツォ・ブラスキの威容が現われる。パラッツォの前の、当時落首をかけられたパスクィーノの彫像に挨拶すれば、ナヴォーナ広場はすぐ近くである。かつてのドミティアヌス帝の競技場の形態を残している、ローマでも最も有名は広場のひとつは、周知のように、ベルニーニの《四大河の噴水》（一六五一年完成）を、ボッロミーニ作のサンタニェーゼ聖堂が見下ろしている。

ナヴォーナ広場の北の端からトル・サングイーニャ広場に出て、パラッツォ・アルテンプスの前のソルダーティ通りをさらに進んでいくと、再び眼の前にはテヴェレ川が現われ、ウンベルト一世橋のたもとに達する。右の角に建つのがかつての「オルソ（熊）旅館」、すなわち、一五八〇年の暮れにローマにやってきたモンテーニュが滞在した旅館である。そして、左側に見えるのが、プラーツが晩年を過ごしたパラッツォ・プリーモリである。ヴィテルボ近郊カニーノの侯爵であったジェジェ・プリーモリは、このパラッツォにナポレオン博物館を設け、またプリーモリ財団と豊かな蔵書を含む図書館を遺した。上述したように、同財団の理事長を務めていたプラーツは、自らの邸宅について「アンピール様式を好む私には、ジュリア通りの古い屋敷よりも合っている」と述懐している。またプラーツは、このパラッツォのテラスからの眺めを絶讃している。論考「パラッツォ・プリーモリ」の最後で語られるこの光景こそ、プラーツにとってのローマの精髄だったのかもしれない。

以上、プラーツが本書において論及し、また彼にとって実際に生活の場であったローマの広場と通りを、プラーツの導きのもとに散策してきた。本書を繙きながら実際に歩いてみること、あるいは歩いたあとに本書を再読すること、そこから何か新しいもの——プラーツ風に言うならば「第三のもの」（tertium quid）——を発見しうるかもしれない。それはおそらく、旅行者としてのわれわれの特上の権利であるのだが……。

最後に、本書を読んでプラーツの批評世界に関心を抱かれた方々のために、邦訳された著作を年代順に紹介しておきたい。

『肉体と死と悪魔——ロマンティック・アゴニー』（倉知恒夫他訳、国書刊行会、一九八六）
『官能の庭——マニエリスム・エンブレム・バロック』（若桑みどり他訳、ありな書房、一九九二）
『ペルセウスとメドゥーサ——ロマン主義からアヴァンギャルドへ』（末吉雄次他訳、ありな書房、一九九五）
『綺想主義研究——バロックのエンブレム類典』（伊藤博明訳、ありな書房、一九九八）
『ムネモシュネ——文学と視覚芸術との間の平行現象』（高山宏訳、ありな書房、一九九九）
『蛇との契約——ロマン主義の感性と美意識』（浦一章訳、ありな書房、二〇〇二）

本書『ローマ百景Ⅱ——建築と美術と文学と』は、一九九九年に刊行された旧版『ローマ百景——建築と美術と文学と』を徹底的に増補／改訂したものである。すなわち、版を重ねるにあたって、訳文を新たに読み直し、改訳／新訳としたうえ、必要な図版を大幅に増補し、二種の索引を用意した。また『ローマ百景Ⅰ』の翻訳が進行していることもあり、原書タイトルを生かして「ローマ百景Ⅱ」というタイトルのもとに新版として刊行することになった。旧版と同様のご支持を読者諸賢からいただければ幸甚である。

二〇〇六年八月　訳者を代表して

伊藤　博明　識

地名／モニュメント名　索引

タ行

カ行

人名／著作名／美術作品名　索引

ローマ百景Ⅱ——建築と美術と文学と

二〇〇六年九月二五日　発行

著　者——マリオ・プラーツ

訳　者——伊藤博明（埼玉大学教養学部教授）
上村清雄（千葉大学文学部助教授）
白崎容子（慶応義塾大学文学部教授）

図版構成——石井　朗
装　幀——中本　光

発行者——松村　豊

発行所——株式会社　ありな書房
東京都文京区本郷一—五—一五
電話　〇三（三八一五）四六〇四

印　刷——株式会社　厚徳社

製　本——株式会社　小泉製本

ISBN 4-7566-0693-8 C0070